Variação linguística na escola

Conselho Acadêmico
Ataliba Teixeira de Castilho
Carlos Eduardo Lins da Silva
Carlos Fico
Jaime Cordeiro
José Luiz Fiorin
Tania Regina de Luca

Proibida a reprodução total ou parcial em qualquer mídia
sem a autorização escrita da editora.
Os infratores estão sujeitos às penas da lei.

A Editora não é responsável pelo conteúdo deste livro.
As Organizadoras e os Autores conhecem os fatos narrados,
pelos quais são responsáveis, assim como se responsabilizam pelos juízos emitidos.

Consulte nosso catálogo completo e últimos lançamentos em **www.editoracontexto.com.br**.

Joyce Elaine de Almeida
Stella Maris Bortoni-Ricardo
(Orgs.)

Variação linguística na escola

Copyright © 2022 das Organizadoras

Todos os direitos desta edição reservados à
Editora Contexto (Editora Pinsky Ltda.)

Montagem de capa e diagramação
Gustavo S. Vilas Boas

Preparação de textos
Lilian Aquino

Revisão
Hires Héglan

Dados Internacionais de Catalogação na Publicação (CIP)

Variação linguística na escola / organizado por Joyce Elaine
de Almeida, Stella Maris Bortoni-Ricardo. –
São Paulo : Contexto, 2025.
96 p.

Bibliografia
ISBN 978-65-5541-231-4

1. Linguística 2. Educação 3. Língua Portuguesa
I. Almeida, Joyce Elaine de II. Bortoni-Ricardo, Stella Maris

22-7126   CDD 410

Angélica Ilacqua – Bibliotecária – CRB-8/7057

Índice para catálogo sistemático:
1. Linguística

2025

Editora Contexto
Diretor editorial: *Jaime Pinsky*

Rua Dr. José Elias, 520 – Alto da Lapa
05083-030 – São Paulo – SP
PABX: (11) 3832 5838
contato@editoracontexto.com.br
www.editoracontexto.com.br

Sumário

INTRODUÇÃO 7

PARA FUNDAMENTAR 9
Joyce Elaine de Almeida e Stella Maris Bortoni-Ricardo

PARA APLICAR 29

VARIAÇÃO HISTÓRICA 29
Álida Laryssa Espozetti e Juliana Fogaça S. Simm

VARIAÇÃO SOCIAL 44
Aline Alvares, Eliane de Moura Oliveira e Maria Beatriz Pacca

VARIAÇÃO ESTILÍSTICA 54
Sheila Oliveira Lima, Taciane Marcelle Marques e Wéllem de Freitas Semczuk

VARIAÇÃO GEOGRÁFICA 62
Fabiane Cristina Altino e Flávio Brandão-Silva

Respostas 73

Bibliografia 89

Os autores 91

Introdução

A variação linguística constitui um fenômeno natural em qualquer língua; porém, tal fato não é compreendido pela grande maioria da população brasileira, que acredita ser a língua do Brasil um objeto homogêneo, inflexível. Isso é discutido por Faraco (2008), ao comentar a proposta de uma pedagogia da variação:

> Se, como resultado da intervenção dos linguistas, o tema da variação acabou incorporado pelo discurso pedagógico, podemos dizer que não conseguimos ainda construir uma pedagogia adequada a essa área. Talvez porque não tenhamos ainda, como sociedade, discutido suficientemente, no espaço público, nossa heterogênea realidade linguística, nem a violência simbólica que a atravessa. (2008: 177)

No meio escolar, na maioria das vezes, a diversidade da língua é também ignorada, pois falta preparo teórico-metodológico para o professor lidar com um fenômeno comum, não aceito, entretanto, pela sociedade. Dada tal situação, é crucial uma alteração na tarefa do profissional que lida didaticamente com a língua portuguesa no Brasil, uma vez que os estudos sobre a diversidade linguística brasileira já avançaram consideravelmente.

Este livro foi idealizado com o propósito de proporcionar a aproximação entre os estudos realizados no âmbito da Sociolinguística Educacional e a realidade escolar. Assim, buscamos oferecer subsídios aos professores de Língua Portuguesa a partir de propostas adequadas ao estudo da língua em seus diversificados matizes. Trata-se da busca de uma melhor compreensão da língua portuguesa, abrangendo as variadas normas presentes no país, ou seja, o trato da linguagem numa perspectiva sociolinguística. Esperamos, com este livro, levar ao professor ferramentas úteis para o trabalho com a língua, de forma consciente e inovadora, no sentido de romper com o preconceito linguístico e de conceber a linguagem como forma de interação social, abordando não só a norma-padrão, mas também as demais variedades da língua. Nesse sentido, este manual compõe-se de uma parte teórica – na qual são apresentados estudos relevantes para o trabalho com a diversidade – e de uma parte prática – em que se propõem unidades didáticas que contemplam a diversidade.

Joyce Elaine de Almeida e Stella Maris Bortoni-Ricardo

Para fundamentar

Esta parte do livro se dedica a apresentar o aparato teórico necessário para tratar do fenômeno da variação na escola. Serão inicialmente apresentadas algumas discussões de pesquisadores dedicados a questões relacionadas à língua e à escola, a começar pelas ideologias sobre o rendimento escolar, e, posteriormente, a respeito da Sociolinguística Educacional. Em seguida, será tratado o conceito de norma. Depois, serão comentados os tipos de variação linguística e, finalmente, será abordada a dicotomia oralidade/escrita.

IDEOLOGIAS SOBRE O APRENDIZADO

Antes de abordar os estudos relacionados à Sociolinguística Educacional, cabe apresentar o processo ideológico responsável pela existência de preconceito linguístico e, consequentemente, pela discriminação de alunos oriundos de classes sociais economicamente desprivilegiadas.

O baixo rendimento escolar identificado em alunos economicamente desfavorecidos recebeu diferentes explicações em décadas anteriores, conforme aponta Soares (2017): a ideologia do dom, a ideologia da deficiência e a ideologia das diferenças.

A **ideologia do dom** encontra respaldo nos estudos da Psicologia, buscando atribuir diferentes níveis de desenvolvimento individuais; assim, a partir de testes de aptidões intelectuais e testes de quociente intelectual (QI), seriam explicadas as diferenças individuais, responsáveis pelo nível de rendimento escolar. Segundo Soares (2017: 17), para os adeptos dessa ideologia, "as causas do sucesso ou fracasso na escola devem ser buscadas nas características individuais". Ainda conforme essa ideologia, a escola ofereceria "igualdade de oportunidades" (2017: 17), portanto o bom aproveitamento de tais oportunidades dependeria do dom de cada aluno.

A ideologia do dom ainda se encontra presente em muitas práticas escolares; no entanto, segundo Soares (2017), a cientificidade de seus pressupostos foi abalada com a ampliação de acesso das camadas populares à escola, quando se evidenciou que as "diferenças naturais" ocorriam não individualmente, mas entre grupos: "entre grupos social e economicamente privilegiados e os grupos desfavorecidos, entre pobres e ricos, entre as classes dominantes e as classes dominadas" (Soares, 2017: 18). Assim, buscando explicar a diferença entre tais grupos, surgiu a **ideologia da deficiência cultural**.

Ainda para Soares (2017), tal ideologia aponta as diferenças socioculturais como responsáveis pelo nível de desenvolvimento intelectual, de forma que os alunos oriundos de classes socioeconomicamente favorecidas seriam mais "inteligentes" pelo simples fato de que a cultura seria acessível a eles e não aos outros, que seriam desprovidos de cultura, pois não participam dos bens culturais aceitos pela elite. Segundo tal ideologia, haveria um déficit linguístico nas camadas pobres:

> A teoria da deficiência cultural afirma que as crianças das camadas populares chegam à escola com uma linguagem deficiente, que as impede de obter sucesso nas atividades e aprendizagem: seu vocabulário é pobre; usam frases incompletas, curtas, monossilábicas; sua sintaxe é confusa e inadequada à expressão do pensamento lógico; cometem 'erros' de concordância, de regência, de pronúncia; comunicam-se muito mais através de recursos não verbais do que através de recursos verbais. Em síntese: são crianças "deficitárias" linguisticamente (Soares, 2017: 33).

Pode-se visualizar, nessa ideologia, a discriminação direta em relação às camadas populares. Labov (1972), a partir de sua pesquisa com grupos marginalizados, conseguiu provar a falta de cientificidade nessa ideologia, pois comprovou que os testes que a fundamentavam eram enviesados, ou seja, conduziam a respostas falsas, visto que tratavam os sujeitos da pesquisa, no caso crianças pobres, sem empatia, não havendo uma preparação emocional que favorecesse a verbalização dessas crianças. No caso da aplicação dos mesmos testes com crianças ricas, o resultado era positivo, dado que tais crianças são mais acostumadas a participar de eventos semelhantes, em que devem portar-se de maneira natural; nesse caso, as crianças são capazes de apresentar o que Labov (1972) nomeia "verbosidade", ou seja, falam bastante sobre qualquer assunto, mas sem muito conteúdo específico. Labov (1972) ainda provou que esta "verbosidade" acaba por ser negativa em alguns casos, visto que essas crianças são capazes de falar até mesmo quando a situação não é adequada. Desse modo, o autor comprovou que as crianças pobres têm capacidade de linguagem tanto quanto as crianças ricas, a diferença estaria na situação assimétrica, que não favoreceria a verbalização das primeiras.

Assim surgiu a **ideologia das diferenças**, segundo a qual "não há grupo sem cultura, já que esse termo, em seu sentido antropológico, significa precisamente a maneira pela qual um grupo social se identifica como grupo, através de comportamentos, valores, costumes, tradições, comuns e partilhados" (Soares, 2017: 23). Dessa forma, combate-se a ideia, presente na ideologia da deficiência, de que as camadas populares seriam desprovidas de cultura: "o que se deve reconhecer é que há uma *diversidade* de 'culturas', diferentes umas das outras, mas todas igualmente estruturadas, coerentes e complexas" (Soares, 2017: 23).

A ideologia das diferenças norteou os estudos sociolinguísticos relacionados ao ensino a partir de 1960, quando a democratização do ensino trouxe para os bancos escolares muitos alunos oriundos das camadas populares, que, na maioria das vezes, dominam uma língua nem melhor nem pior, mas diferente daquela da escola.

Assim, havia a proposta de um bidialetalismo dialetal, no qual se indicava que o aluno adquirisse, no ambiente escolar, a norma de prestígio. Atualmente, com a evolução dos estudos sociolinguísticos, tal proposta foi superada, pois a "visão estanque das variedades (favorecida por uma concepção dialetal muito restrita)" foi substituída "por uma visão de um *continuum* que permite melhor apreender a distribuição social das variedades" (Faraco, 2008: 168).

A proposta atual abarca não só a questão linguística, mas também questões socioculturais. Segundo Faraco:

> [...] adquirir familiaridade com variedades cultas é, antes de qualquer coisa, adquirir familiaridade com as práticas socioculturais da escrita. Isolar as formas ditas cultas das práticas da escrita é tomar a parte pelo todo e perder de vista os complexos processos históricos de construção e transformação da expressão escrita. (2008: 169)

Pode-se verificar, nessa perspectiva, a importância do letramento, ou seja, é preciso inserir o aluno num universo letrado, de forma que possa adquirir hábitos culturais desse universo. Nessa dimensão, centram-se os estudos atuais da Sociolinguística Educacional.

SOCIOLINGUÍSTICA EDUCACIONAL

Segundo Bortoni-Ricardo (2005), a Sociolinguística, por volta do século XX, atingia sua maturidade e apoiava-se em três premissas: "o relativismo cultural; a heterogeneidade linguística inerente e a relação dialética entre forma e função" (2005: 114).

As premissas do relativismo cultural não aceitam a ideia de superioridade entre as línguas, nem a existência de línguas primitivas ou subdesenvolvidas, defendendo a igualdade e a equivalência funcional entre as línguas. Segundo a autora,

> Um pressuposto na concepção culturalmente relativista dos linguistas e antropólogos no começo do século XX é que não existem línguas primitivas no sentido de terem de recorrer a gestos ou outros expedientes para que a comunicação se efetive. Outro é o da equivalência funcional. Segundo interpretações que se tornaram bastante populares a partir de meados do século XX, a equivalência funcional entre línguas ou variedades significa que essas se equivalem tanto em sua estrutura quanto em seu uso, ou seja, todas as línguas têm igual complexidade. Sendo assim, afirmavam os primeiros pesquisadores que se dedicaram ao estudo de línguas ameríndias, que não há fundamento científico para que um código linguístico seja mais valorizado que outros. (Bortoni-Ricardo, 2008: 71)

O único aspecto em que as variedades de uma língua podem diferir entre si é no acervo de seu vocabulário. Cada variedade contém o vocabulário necessário para viabilizar a comunicação no seu âmbito. Descrições técnico-científicas implicam um acréscimo de vocabulário e construções sintáticas mais específicas que fazem a diferença entre uma norma e outra.

A segunda premissa, a da heterogeneidade inerente, apresenta um rompimento com a tradição saussureana de caracterizar as línguas como homogêneas. Assim, a variação passa a ser concebida como uma qualidade inerente a qualquer língua. Bortoni-Ricardo (2005) aponta a afirmação de Labov (1972) de que "a heterogeneidade não era tão somente normal, mas o resultado natural de fatores linguísticos e sociais básicos que condicionam a variação de forma sistemática" (Bortoni-Ricardo, 2005: 114).

A terceira premissa, segundo Bortoni-Ricardo (2005: 114-115), "promovia a mudança de foco", pois centrava-se na função e no uso da língua e não na sua estrutura, enfatizando "o contexto de uso da língua". Cabe ressaltar que, a partir de tal premissa, são considerados, no estudo da língua, não só os aspectos linguísticos que abarcam a variação, mas também os aspectos culturais:

> O conceito de comunidade de fala, até então postulado arbitrariamente, passou a ser objeto de estudos que procuram entender tanto sua estrutura complexa, que compreende, mesmo nas sociedades monolíngues, uma gama de variedades sociais, regionais e funcionais, quanto o sistema de normas culturais que rege a comunicação no grupo. (Bortoni-Ricardo, 2005:115)

Assim, o estudo da língua não deve vir dissociado da cultura do grupo que a utiliza, o que muito pode contribuir para o ensino da língua na escola, uma vez que o professor, ao se propor a ensinar a Língua Portuguesa nas escolas brasileiras, de acordo com essa premissa, deve repensar toda sua postura relativa à língua, considerando a forma linguística e os aspectos culturais dos alunos com que vai lidar.

Tais premissas constituem uma proposta de alteração no ensino da língua nas escolas do Brasil; segundo Bortoni-Ricardo (2005: 130), é necessário o desenvolvimento de uma "pedagogia sensível às diferenças sociolinguísticas e culturais dos alunos". Para a autora, tal tarefa exige "uma mudança de postura da escola – de professores e alunos – e da sociedade em geral" (2005: 130). Além disso, a autora propõe que tal mudança deve partir de uma etapa preliminar, na qual serão descritas as regras variáveis da fala do grupo de alunos com que se trabalha. Possenti (2002) corrobora essa ideia ao propor um "programa mínimo", relacionado ao ensino de Língua Portuguesa. Segundo o autor, "a escola precisa conhecer sua clientela. No caso, as características efetivas da língua ou do dialeto de sua clientela" (2002: 320).

Considerando essa nova postura de ensino de língua, Bortoni-Ricardo (2005) apresenta seis princípios a serem seguidos no desenvolvimento das ações da Sociolinguística Educacional.

O **primeiro princípio** deve considerar que a influência da escola na expressão linguística do aluno se dá nos estilos formais, monitorados, e não no vernáculo, pois, segundo a autora, este último é "infenso à ação da escola".

O **segundo princípio** diz respeito ao "caráter sociossimbólico das regras variáveis" (Bortoni-Ricardo, 2005: 131), visto que, conforme aponta a autora, regras não sujeitas à valoração negativa não constituem objeto de correção escolar, não influindo nos estilos monitorados.

O **terceiro princípio** "refere-se à inserção da variação sociolinguística na matriz social" (Bortoni-Ricardo, 2005: 131), pois essa variação resulta de diferentes fatores em comunidades diferentes. No Brasil, a desigualdade social é o principal fator da desigualdade linguística, o que não ocorre em outros países, onde diferentes fatores são mais contundentes para a existência da variação, como é o caso da etnia nos Estados Unidos, por exemplo. Tais circunstâncias resultam em diferentes posicionamentos em sala de aula, pois, como no Brasil não se assume a diversidade linguística, a escola não se sente responsável pelo combate ao conflito linguístico. Caberia à escola promover ao aluno o acesso a todos os bens culturais, inclusive o linguístico. Para a pesquisadora, "professores sensíveis às diferenças sociolinguísticas e culturais desenvolvem intuitivamente estratégias interacionais em sala de aula que são altamente positivas" (Bortoni-Ricardo, 2005: 132).

O **quarto princípio** diz respeito ao tratamento de estilos monitorados em situações de letramento e à possibilidade de valer-se de estilos não monitorados em eventos de oralidade.

No **quinto princípio**, a autora postula que "a descrição da variação sociolinguística educacional não pode ser dissociada da análise etnográfica e interpretativa do uso da variação em sala de aula" (Bortoni-Ricardo, 2005: 132). Tal postulado implica a necessidade de avaliar o significado social que toda variação assume.

O **sexto** e último **princípio** abarca a amplitude social da variação linguística, pois "refere-se ao processo de conscientização crítica dos professores e alunos quanto à variação e à desigualdade que ela reflete" (Bortoni-Ricardo, 2005: 133). Tal princípio implica considerar a relação social entre os falantes da comunidade brasileira e, inclusive, as desigualdades sociais responsáveis pelas limitações aos bens culturais, capazes de proporcionar o apoderamento das normas de prestígio social.

Diante desses princípios, é possível repensar o ensino de Língua Portuguesa na escola a fim de buscar resultados muito positivos, visto envolverem questões linguísticas e culturais, capazes de incluir socialmente alunos provenientes de classes menos favorecidas.

Ainda considerando esses princípios e a grande heterogeneidade socioeconômica brasileira, é conveniente tratar o ensino da língua abandonando a dicotomia "certo" e "errado", vigente há muito tempo na nossa sociedade. Para isso, Bortoni-Ricardo (2021) tem proposto o uso metodológico de contínuos linguísticos, que são linhas imaginárias sintetizadas a seguir.

> O primeiro contínuo é de urbanização e se estende desde os falares rurais mais isolados, como o falar caipira descrito por Amadeu Amaral (1920), até a variedade urbana das classes de mais prestígio, a qual há mais de três séculos é objeto de codificação linguística. Mencione-se aí a definição do padrão correto de escrita, também chamado "ortografia"; do padrão correto de pronúncia, também chamado "ortoépia" e da elaboração de dicionários e gramáticas (Bortoni-Ricardo, 2021: 38-39).

Quando começou a colonização do Brasil pelos portugueses, a língua portuguesa já havia iniciado um processo de padronização. Luís de Camões, por exemplo, escreveu *Os Lusíadas* usando essa variedade de prestígio, em 1572. A primeira gramática da língua portuguesa (*Grammatica da Lingoagem Portuguesa*) foi elaborada pelo padre Fernão de Oliveira em 1536 (Bortoni-Ricardo, 2021: 29).

No contínuo de urbanização, podemos situar também variedades linguísticas "rurbanas", neologismo que remete à população quase sempre de origem rural, de baixo poder aquisitivo e de pouca escolaridade, que vive na periferia das grandes e médias concentrações urbanas. É oportuno, ao tratar dessas variedades, fazer a distinção entre traços graduais, descritos ao final deste livro, que se estendem por todo o contínuo, e traços abruptos, que são presentes na fala dos grupos sociais de pouca ou nenhuma escolaridade e ausentes no repertório dos demais grupos (Bortoni-Ricardo, 2021).

O segundo contínuo, de oralidade e letramento, estende-se desde os eventos de estrita oralidade até os eventos de reconhecido letramento pelo uso da leitura e escrita. Observe-se que não há fronteiras rígidas entre os dois tipos de evento. Pelo contrário, há muita sobreposição: um evento de oralidade pode incluir passagens típicas da tradição letrada. É o que acontece, por exemplo, no sermão de um líder religioso, que pode alternar desde narrativas de fatos triviais e conhecidos até a citação de passagens bíblicas (Bortoni- Ricardo, 2021).

Nessa mesma fonte, encontramos a definição do terceiro contínuo, de monitoração estilística, que varia em função do grau de atenção que o falante empresta à sua fala. Quanto maior a atenção, mais monitorado o estilo.

Observe-se que, com o mesmo interlocutor, o estilo poderá tornar-se mais ou menos monitorado em função do alinhamento, ou *footing*, que assumimos quanto ao tópico ou ao próprio interlocutor. Para passar de uma conversa séria para uma brincadeira, por exemplo, podemos mudar nosso estilo e passamos metamensagens ou pistas verbais ou não verbais para indicar, por exemplo, "isso é uma brincadeira" (Bortoni-Ricardo, 2021: 41).

Ressalte-se aqui que o interlocutor é a variável mais relevante na seleção do estilo empregado pelo falante. O falante, ainda que inconscientemente, faz a si mesmo algumas perguntas mentais: "Quem sou eu para lhe falar assim?", "Quem é você para eu lhe falar assim?" (cf. Goffman, 2002).

Na última década, Bortoni-Ricardo (2021) acrescentou à metodologia dos contínuos o de acesso à internet. Esse quarto contínuo foi postulado considerando a influência que a tecnologia digital tem na comunicação interpessoal. Tal acesso, naturalmente, varia em função da zona de residência do falante e, mais propriamente, do seu grau de alfabetização digital e dos equipamentos que lhe estejam disponíveis.

NORMAS

A língua portuguesa do Brasil apresenta diversas normas; apesar disso, a sociedade em geral, distante dos estudos linguísticos, apresenta uma busca incessante de uma língua única, invariável, ou seja, a norma-padrão expressa na gramática normativa.

De acordo com Faraco (2002), a norma pode ser considerada um fator de identificação sociocultural. Diante disso, a norma culta da língua se destaca por ser a utilizada pelos grupos que controlam o poder social. O autor esclarece a distinção entre norma culta e norma-padrão, já que essas costumam ser confundidas, inclusive no meio acadêmico.

De acordo com Faraco (2002), norma culta é a norma linguística praticada em determinadas situações (aquelas que envolvem certo grau de formalidade) por aqueles grupos sociais mais relacionados com a língua escrita, enquanto a norma-padrão são as formas contidas e prescritas pelas gramáticas normativas.

Por esse padrão ter tido origem em um modelo lusitano praticado por escritores portugueses, não há muita relação entre a norma-padrão e o uso. Dessa forma, o distanciamento entre a norma-padrão e a realidade linguística brasileira dificulta a assimilação de tal norma por uma grande parcela da população do país.

Na sociedade brasileira, podem-se constatar empiricamente variadas normas, visto que constituem possibilidades adequadas a determinados contextos. Assim, há a "norma da casa", a "norma do emprego", a "norma dos amigos", e assim por diante. Pensando dessa forma, pode-se associar o conceito de norma à variação, dado que cada norma constitui uma variedade. Desse modo, a norma-padrão e a norma culta fazem parte de um conjunto composto de outras normas que representam as variedades do português brasileiro. Portanto, há diversas normas na língua portuguesa do Brasil, o que constitui a variação da língua.

VARIAÇÃO LINGUÍSTICA

A linguagem é, por natureza, um objeto sujeito a alterações, por ser uma parte constitutiva do ser humano e da cultura na qual este se insere. Ora, se o homem está sempre evoluindo, mudando sua aparência, suas ideias, seus valores, bem como a sociedade na qual ele se inscreve, é perfeitamente normal haver variações e mudanças linguísticas. Os estudos de Labov (1962) apontam que a variação linguística é natural, é essencial à linguagem humana; dessa forma, o que exigiria explicação seria a ausência da variação na linguagem e não a sua presença. Meillet (1965, apud Calvet, 2002) já apontava, no início do século passado, em 1906, o fato social como motivação fundamental para ocorrerem alterações linguísticas: "Por ser a língua um fato social resulta que a linguística é uma ciência social, e o único elemento variável ao qual se pode recorrer para dar conta da variação linguística é a mudança social" (Meillet, 1965 apud Calvet, 2002: 16).

A variação da língua ocorre devido a fatores linguísticos ou extralinguísticos, de forma que os primeiros se dão pela própria natureza linguística e os segundos, por motivos externos à língua. Em relação aos fatores extralinguísticos, Camacho (1988) propõe uma sistematização, classificando os tipos de variação em: variação histórica, variação geográfica, variação social e variação estilística. O autor ressalta que tal classificação proposta não se dá de forma estanque, ou seja, muitas vezes uma variação ocorre devido a mais de um fator, como o social e o geográfico, por exemplo. Já Castilho (2010) apresenta outra proposta de classificação, a saber: variação geográfica, variação sociocultural, variação individual, variação de canal e variação temática. A seguir, busca-se correlacionar as propostas de Camacho (1988) e de Castilho (2010).

A **variação histórica** resulta das mudanças naturais consequentes da evolução temporal. Moda, decoração, conceitos de beleza constituem costumes que variam conforme o tempo; isso porque a sociedade evolui e altera sua forma de agir, de pensar e de conceber seus padrões de beleza e de normalidade. Assim também acontece com a língua. Formas linguísticas consideradas comuns em determinada época não o são em outra. Daí o que se entende por arcaísmos e neologismos, de modo que as primeiras constituem formas desatualizadas, não mais utilizadas pela maioria da comunidade, enquanto as segundas são formas novas, inovadoras. Conforme aponta Camacho,

> [...] podem conviver no mesmo plano temporal variantes em desuso com suas respectivas substitutas, restritas, porém a alguns poucos falantes de idade avançada que, paralelamente à evolução dos usos e costumes, mantêm formas de expressão adotadas como prestigiosas pela norma pedagógica ou social de décadas atrás. (1988: 30)

Cabe ressaltar que esse tipo de variação evidencia a intrínseca relação existente entre língua e sociedade; ora, se a sociedade evolui, muda com o passar do tempo, nada mais natural que a mudança linguística, dado que o ser humano se constitui pela linguagem.

A **variação geográfica** resulta da forma linguística comum a uma região. A língua portuguesa falada em diferentes países constitui exemplo interessante desse tipo de variação, pois ela se diferencia nos diversos países em que é falada, chegando a ser classificada, por alguns pesquisadores, como outra língua, como no Brasil, em que é nomeada de "português brasileiro". Camacho ressalta que o limite geográfico de uma comunidade linguística muitas vezes não coincide com os limites políticos; segundo o autor, "tais limites são relativamente fixados, porque graduais, e se às vezes a rotulação de determinado falar regional corresponde aos limites políticos, será por necessidade prática" (1988: 31-32).

Castilho (2010) afirma ser a variação geográfica a mais perceptível: "Quando começamos a conversar com alguém, logo percebemos se ele é ou não originário de nossa região" (2010: 198). O autor ainda salienta que a visibilidade desse tipo de variação fez surgir a Dialetologia. No Brasil, são muito importantes os estudos dialetológicos, que conta com pesquisadores renomados, os quais contribuem para a descrição do português brasileiro.

A **variação social** resulta da diferença entre setores socioculturais da comunidade, o que implica diferenças etárias, de gênero e socioculturais. Em relação à diferença entre faixas etárias distintas, pode-se visualizar destacadamente a linguagem dos adolescentes e a dos idosos. A adolescência constitui uma fase importantíssima para o indivíduo, em que o jovem, ansioso pela marcação de identidade, define formas linguísticas próprias que o diferenciem dos demais. Já os idosos também marcam sua identidade pelas formas próprias de sua época e pelo cuidado com a língua, forma de demarcar a cautela do homem já vivido e experiente.

A diferença de gênero se identifica também na linguagem, sendo mais comuns formas delicadas, com predomínio de diminutivo, na fala feminina. Já a questão sociocultural implica diferenças entre classes sociais, fator de suma importância para a abordagem na escola, uma vez que diferenças características de determinados extratos sociais resultam em barreiras sociais, inclusive no âmbito linguístico. Tais questões são relativas ao prestígio referente às formas características de determinados grupos, conforme aponta Camacho (1988: 33):

> A divisão de uma comunidade em setores sociais não significa que o intercâmbio linguístico entre indivíduos de distintos estratos seja prejudicado por dificuldades de compreensão, como poderia ocorrer entre duas comunidades regionais. Significa, antes, que o uso de certas variantes é indício, numa sociedade estratificada, do nível socioeconômicos e cultural de seus membros e, portanto, indício de alto ou baixo grau de prestígio.

Em sua classificação, Castilho (2010: 204) apresenta uma delimitação, apontando a variação sociocultural e considerando as variáveis: "(i) falante não escolarizado e (ii) falante escolarizado". Para o autor, "analfabetos e falantes escolarizados não falam exatamente da mesma forma" (2010: 204). Assim, Castilho afirma ser comum a variedade culta para pessoas escolarizadas, enquanto a variedade popular caracteriza o falar dos não escolarizados.

Já em relação aos fatores etário e de gênero, Castilho (2010) propõe outro tipo de classificação denominada **variação individual**. Em relação à idade, o autor afirma: "sabe-se que velhos falam como se falava antes, e jovens acolhem as mudanças na língua que foram generalizadas posteriormente" (2010: 212). Já em relação ao gênero, Castilho (2010) aponta uma questão relacionada à própria estrutura da língua portuguesa, visto que não se identificam diferenças estruturais caso o falante seja homem ou seja mulher, como ocorre no japonês, por exemplo, exceto nas concordâncias de gênero.

A **variação estilística**, proposta por Camacho (1988), compõe-se das diferentes maneiras de se manifestar linguisticamente diante de situações formais e informais, daí a necessidade de adequação ao ambiente. Trata-se de um tipo muito importante para a abordagem em sala de aula, pois nesse tópico é possível ensinar ao aluno a possibilidade de utilizar formas coloquiais e a necessidade de aprender formas mais elaboradas, devido à situação interativa. Cabe ressaltar que, para Castilho (2010), as diferenças de registro resultantes da situação incluem-se no tipo por ele denominado **variação individual**.

Castilho aponta, ainda, a **variação de canal**: "A comunicação linguística pode ocorrer em presença do interlocutor, quando falamos, ou na sua ausência, quando escrevemos" (2010: 211). Assim, o autor propõe a variação entre a língua falada e a língua escrita. Em relação à variação de canal, Ilari e Basso (2006) propõem outra denominação: **variação diamésica**. Segundo os autores, "a variação diamésica compreende, antes de mais nada, as profundas diferenças entre a língua falada e a língua escrita" (2006: 181). Cabe ressaltar que tal classificação se estende, para os pesquisadores, para a variação entre os gêneros discursivos.

Castilho (2010) também aponta a classificação temática que diz respeito ao modo como se trata determinado assunto. Segundo o pesquisador, "podemos falar de assuntos do dia a dia, e teremos o 'Português corrente'. Podemos falar de assuntos especializados, e aí teremos o 'Português técnico'". Dessa forma, o autor afirma que tais variedades distinguem "linguagem do cidadão comum da linguagem dos cientistas, dos clérigos, dos políticos etc." (2010: 223).

Tais classificações são de grande relevância para o profissional que se dedica a estudar o fenômeno da variação, uma vez que propiciam visualizar a amplitude da diversidade da língua.

ORALIDADE E ESCRITA

É possível abordar, conforme aponta Marcuschi (2001), eventos de oralidade e de escrita como um contínuo, em que se identificam determinados gêneros. Dessa forma, há gêneros que se encaixam num polo de maior oralidade, como uma conversa informal, por exemplo, enquanto outros se enquadram num polo mais apropriado para eventos da escrita, como um artigo científico. Bortoni-Ricardo (2004) apresenta uma proposta de contínuos de oralidade e escrita para os eventos comunicativos, havendo também polos de maior predominância da oralidade ou da escrita.

Cabe ressaltar a não correlação "escrita-formalidade, oralidade-informalidade", visto que, do mesmo modo, podemos aplicar a ideia dos contínuos para os níveis de formalidade, tanto nos gêneros orais como nos escritos. Apesar disso, é fato natural a associação da formalidade ao texto escrito devido à própria história da escrita na vida do ser humano. Ora, uma criança, até a educação formal escolar, pratica por anos eventos orais livres de padronização, ao passo que, ao adentrar o meio escolar, inicia seu aprendizado da norma-padrão. Além disso, ressalta-se a diferença quantitativa em relação à produtividade de textos escritos, pois, um profissional que não tem a escrita como profissão, raramente se depara com eventos de escrita, e, quando isso ocorre, em geral devem ser produzidos na norma-padrão, pois constituem gêneros que se caracterizam pela formalidade, como é o caso de requerimentos, procurações, ofícios etc. Nesse sentido, é papel do professor de Língua Portuguesa levar o aluno ao contato com diversos gêneros orais e escritos, propiciando a percepção da adequação da linguagem a cada evento de comunicação.

Ressalta-se, ainda, a interferência da variação própria da situação de oralidade para a situação de escrita. Como afirma Cagliari (1992: 124), "a variação linguística, característica inerente a toda e qualquer língua do mundo, pode constituir um grande problema para quem está adquirindo o sistema da escrita". Isso porque o aluno pode transpor as variantes distantes da norma para o texto escrito. Em outro estudo, o autor ainda aponta que "o erro mais comum dos alunos é caracterizado por uma transcrição fonética da própria fala" (Cagliari, 1992: 138).

Para aplicar

Neste capítulo, são apresentadas quatro propostas didáticas, a saber: variação histórica, variação social, variação estilística e variação geográfica.

> **PARA O PROFESSOR COMENTAR COM A TURMA**
>
> Fica a critério do professor quais atividades devem ser aplicadas, pois é o próprio docente que conhece a necessidade de cada turma.

VARIAÇÃO HISTÓRICA

1. A língua é um instrumento de interação comum a uma nação, a uma cultura. No entanto, quando falamos em língua, consideramos, normalmente, somente o seu estado atual. Mas será que hoje falamos da mesma forma

que falavam nossos avós há 50, 60 ou 70 anos, ou até do mesmo modo como eles falam hoje?

Observe o exemplo:

> **Uma adolescente de 13 anos convida sua avó para assistir à sua apresentação de final de ano na escola:**
>
> **Adolescente**: *Vozinha, sábado vai acontecer a minha apresentação de final de ano da escola. Vai ser bem maneiro. Quero muito que você venha me ver. Depois, nós, a mãe e o pai e toda galera da escola vamos a uma pizzaria comemorar. Vai ser muito legal. A mãe quer a resposta para ver quantos lugares terá que reservar no restaurante.*
>
> **Avó:** *Eu gostaria muito de ir, minha querida, mas estou tão desenxabida, desacorçoada. Diga para vossa mãe que vou fazer o possível para ir.*

a. A fala da avó apresenta diferenças em relação à fala da adolescente? Se sim, quais?
b. Procure no dicionário o significado dos termos "desenxabida" e "desacorçoada". Hoje, quais termos os adolescentes utilizam para substituí-los?
c. Cite exemplos de termos que não são usados pela sua turma, mas são falados por seus avós ou pessoas idosas com quem você tenha contato.

2. Vimos diferenças na língua e na sociedade que ocorreram no espaço de tempo de 50, 60 anos. Vamos, agora,

prolongar um pouco este período. Leia o documento a seguir, escrito em 1821, referente à abertura de escolas, e transcrito no quadro. Observe a linguagem da época.

Composição: fol. 1r
Assunto/resumo: Abertura de escolas e permissão de ensino a qualquer cidadão.
Datação: 5/11/1821
Autores: José Mathias Ferreira de Abreu, Manoel da Cunha e Azevedo Coutinho Chichorro, João Carlos Augusto d'Ocynhausen, José Bonifacio de Andrade e Silva, Martim Francisco Ribeiro de Andrade, Lázaro José Gonsalves, Jozé d'Oliveira Pinto, João Ferreira d'Oliveira Bueno, Francisco Ignacio de Souza Queiroz, André da Silva Gomes, Antônio Maria Martim, Antônio Leite Pereira da Gama Lobo, Manoel Roiz Jordão, Daniel Pedro Muller.

	O Governo Provizorio da Provincia de São Paulo faz saber aos que o prezente Bando virem que as Cortes Geraes Extraordinarias e Constituintes da Nação Portugueza decretaraõ o Seguinte = As Cortes Geraes Extra ordinarias e Constituintes da Naçaõ Portugueza
05	considerando a ne- cessidade de facilitar por todos os modos a instruçaõ da mocidade
	no indispensavel estudo das primeiras letras: Attendendo aque não hé posivel desde já estabelecer como convem Escollas em- todos os lugares deste Reino por conta da Fazenda Publica; e
10	Que- rendo asigurar a liberdade que todo o Cidadão tem de fazer o devi- do uzo dos seus talentos não se seguindo dahi prejuizo publi-co; Decretão que da publicaçaõ deste em diante seja li- vre a qualquer Cidadão o insino e abertura de Escolas de- primeiras letras em qual quer parte deste Reino, quer seja
15	gra- tuitamente quer seja por ajuste dos interessados, em depen- dencia de exame, ou de alguma licença. A Regencia do Reino o tenha afim entendido, e o faça executar Paço das- Cortes 28 de Junho de 1821 = Józé Joaquim Ferreira deMoreira Presidente - João Baptista Silgueiras, Deputado Secretario = An-
20	tonio Ribeiro daCosta, DeputadoSecretario - Eparaque odito Decreto tenha oseu devido cumprimento: - Ordenao Governo queelle seja publicado a toque de Caixa nes ta Cidade remettido por copia ás Camaras dasVillas destaProvincia paraomesmo fim, emuito lhes recomen-
25	do vigiem que os que exercerem taes Magisterios, sejão

> homens morigerados. Dado noPalacio doGoverno deSaõ
> Paulo em 5 de Novembro de 1821 - Jozé Mathias Ferreira
> deAbreu ofez - Manoel daCunha eAzevedoCoutinho [ilegível]
> Chichorro Secretario do expediente geral doGoverno ofiz escrever = Lu-
> 30 gar do Sello = João Carlos Augusto d'Ocynhausen Preziden-
> te _ Jozé Bonifacio deAndrade eSilva Vice Presidente _ Martim
> Francisco Ribeiro deAndrade Secretario _ Lazaro José Gonsalves Secre-
> tario – [ilegível] Jozé d'Oliveira Pinto, Secretario - João Ferreira
> d'Oliveira Bueno _ Francisco Ignacio deSouza Queiroz _ André da Silva
> 35 Gomes_Antonio Maria Martim _ Antonio Leite Pereira da-
> Gama Lobo_ manoel Roiz Jordão _ Daniel Pedro Muller
>   Manoel daCunha de Azevedo Coutinho Chichorro

a. Você deve ter observado que, naquela época, algumas palavras eram escritas de forma diferente da atual. Transcreva-as.

b. Algumas palavras da época em que foi escrito esse texto já estão em desuso, ou seja, não fazem mais parte do uso atual de linguagem, como o termo "bando", por exemplo, que nomeava um documento da esfera administrativa colonial com determinações, decretos, avisos ou anúncios oficiais.

Além dessa palavra identificada no texto, outras palavras do mesmo período também desapareceram com o tempo. O termo "morigerado" é um desses exemplos. Pesquise em um dicionário qual era o significado dessa palavra.

3. Observe a imagem a seguir.

Fonte: Bluteau, 1712.

Este é o primeiro dicionário da língua portuguesa, publicado no século XVIII. O *Vocabulario portuguez e latino*, nome dessa obra, foi escrito pelo padre Raphael Bluteau e apresenta, em seus 10 volumes, 43,6 mil verbetes.

Moraes Silva, tendo como base o trabalho de Bluteau, elaborou, em 1789, o primeiro dicionário brasileiro, *Dicionário da Língua Portuguesa*, que continha, em seus dois volumes, cerca de 70 mil verbetes.

Vamos comparar com um dicionário atual:

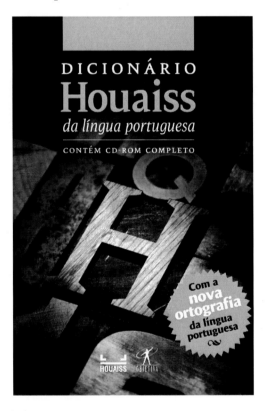

Fonte: Houaiss, 2009.

Este é um dos dicionários mais renomados da língua portuguesa, no Brasil, atualmente. O *Dicionário Houaiss da língua portuguesa* tem 442 mil entradas, ou seja, cerca de 398 mil termos a mais do que a obra de Bluteau, primeiro dicionário da língua portuguesa.

Questão: A que você atribui o fato de nos dicionários atuais existirem um número muito maior de palavras?

PARA O PROFESSOR COMENTAR COM A TURMA

Curiosidade: Você sabe de que forma uma palavra é incorporada ao dicionário?

Em primeiro lugar, as palavras ou expressões são, naturalmente, empregadas na fala. Para que elas sejam, de forma efetiva, incorporadas e registradas em dicionários, precisam percorrer um longo caminho. Em média, os estudiosos da língua levam cinco anos para avaliar a palavra nova e concluir se ela não é apenas modismo, uma expressão passageira. Para isso, é preciso que haja uma ampla pesquisa de campo com os falantes.

No dicionário eletrônico *Houaiss*, encontramos a seguinte acepção incorporada recentemente ao idioma:

– Ralar: trabalhar muito, trabalhar em excesso. Ex: *Ralava o dia inteiro numa oficina.*

Observação: É importante frisar que, hoje, são incorporadas mais palavras aos dicionários, visto que são difundidas mais rapidamente e, por esse motivo, as atualizações são mais frequentes.

4. Observe o termo a seguir:

Gato

a. De que forma você emprega essa palavra na atualidade? Escreva um exemplo.
b. Observe que essa palavra, em seu sentido original, significa um tipo de felino. Porém, com o tempo, ela foi adquirindo outras significações. Leia o trecho a seguir:

> A palavra gato, do latim *catu(m)*, servia para indicar originalmente um tipo de felino de pequenas dimensões; como este felino tem o hábito de andar silenciosa e furtivamente, a palavra gato adquiriu, por um processo metonímico de associação entre o modo de andar de um ladrão e de um gato, o sentido de ladrão, gatuno; mais modernamente, um outro tipo de associação metonímica, entre a beleza de um gato e de seus movimentos e a beleza de um jovem, gerou para a palavra gato um novo significado, de homem belo, com seu feminino gata; por último, a ideia de gato como ladrão associada ao fato de que o felino gato gosta de escalar postes e fios levou ao surgimento de mais um novo sentido para essa palavra: instrumento para roubar luz dos fios ou postes (Garcia, 2001: 67).

Como se vê, é possível afirmar que a palavra "gato" ampliou o seu significado com o passar do tempo. Será que isso também ocorreu com outras palavras? Observe os seguintes termos:

- Embarcar
- Avião
- Tela
- Vilão

Você, certamente, conhece o significado atual dessas palavras. No entanto, quando foram criadas, tinham outras significações. Em grupos, pesquisem essas palavras e busquem seus sentidos originais.

5. A língua não é estática, uma vez que se transforma constantemente, sobretudo no que diz respeito ao vocabulário. Novas palavras são criadas e outras caem no esquecimento. As palavras que vão perdendo o seu uso até desaparecerem por completo são chamadas de arcaicas. Ao contrário, as novas palavras, criadas para atender a novas situações, conceitos, objetos, enfim, para dar conta das demandas sociais, são denominadas neologismos. Quando novos termos são consagrados com o uso, acabam sendo incorporados aos dicionários, como as palavras que foram introduzidas na língua portuguesa devido ao advento da informática.

Pesquise e cite algumas palavras do mundo digital que foram incorporadas recentemente aos dicionários.

6. Leia atentamente o texto a seguir:

> ## O HOMEM QUE COMIA PÁOS
>
> Leandro Durazzo
>
> Partia ao meio, páo por páo, rancava miolo e passava um queijo cremoso feito em Minas. Pouco queijo cremoso, muito páo. Tinha dinheiro não, pra ser de outro jeito. Presunto, peito, salsicha que seja? Nada. Comia páos um atrás do outro, minuto depois do antes, dia após dia, comia.
>
> Casa de taipa. Taipão, assim, beira-rio. Tinha dinheiro não, meu fio, tinha não. Morava lá pra lá, sem escola em criança, sem serviço em adulto, sem livros na estante. Sem estante. Não sabia que plural de pão são pães, sabia não, por isso comia páos.
>
> DURAZZO, Leandro. O homem que comia páos. *Mísera Mesa*, 27 abr. 2012. Disponível em: <http://miseramesa.blogspot.com/2012>. Acesso em: 18 out. 2022.

    a. Muitas vezes, pessoas, como o "homem" tratado no texto, utilizam "páos" em vez de "pães". Por quê?

    b. Por que algumas palavras terminadas em ão têm o plural em ãos (como "mãos") e outras em ães (como "pães")?

7. O jornal *Diário de Pernambuco*, fundado em 1825, é o mais antigo em circulação no Brasil. Leia, a seguir, uma página transcrita da primeira edição do jornal e responda às questões.

DIARIO DE PERNAMBUCO
HOJE SEGUNDA FEIRA 7 DE NOVEMBRO E 311 DIAS DO ANOO DE 1825
INTRODUCÇÃO

Faltando nesta cidade assaz populosa um Diario de Annuncios, por meio do qual se facilitassem as transacções, e se communicassem no publico noticias, que a cada um em particular podem interessar, o administrador da Typographia de Miranda e Companhia se propoz a publicar todos os dias da semana excepto os Domingos somente o presente Diario, no qual debaixo dos títulos de -Compras-Vendas-Leilões-Alugueis--Arrendamentos--Aforamento--Roubos--Perdas--Achados--Fugidas e Apprehensões de escravos-Viagens-Afretamentos-Amas de leite etc., tudo quanto disser respeito a taes artigos ; para o que tem convidado a todas as pessoas, que houvessem de fazer estes ou outros quaisquer annuncios, aos levarem a mesma Typographia que lhes serão impressos grátis, devendo ir assignados.

Tambem se publicarão todos os dias as entradas e sahidas das embarcações do dia antecedente, portos onde vierão, dias de viagem, passageiros, cargas, e noticias, que trouxerão. Além disso todas as semanas se darão os preços correntes dos generos de importação e exportação com um attestado de dois negociantes desta praça.

E porque para muitas pessoas seria incommodo dirigir-se a Typographia, para entregarem os seus annuncios, se tem prevenido este inconveniente resebendo se no Recife no Botequim da Praça, em S. Antonio na Loja da Gazeta rua de Rosario, e na Boa Vista na Bahea de João Ferreira da Cunha no largo da Matriz taes annuncios em cujas casas se recebem igualmente assignaturas e se vende este Diario pelo preço de 10 rs cada folho.

COMPRAS

1. Quem tiver alguma casa térrea nesta cidade, que não seja de alto preço, dirija-se a rua dos Martirios casa n. D S onde achará quem pretende comprar huma tal propriedade

VENDAS

2. Vende-se, ou afreta-se o Brigue Escuna Americano Abbis de 133 toneladas, em muito bom estado, e prompto de todo o necessario e muito veleiro ; quem o quizer comprar ou afre- [...]

a. É possível encontrar semelhanças entre o jornal de 1825 e os jornais atuais? Se sim, quais?
b. Ao ler a publicação do *Diário de Pernambuco* você teve alguma dificuldade? Se sim, quais?
c. A respeito da ortografia, é possível observar diferenças entre a linguagem utilizada no *Diário de Pernambuco* e a linguagem atual. Cite algumas.

> **PARA O PROFESSOR COMENTAR COM A TURMA**
>
> **Curiosidade:** A proposta do acordo ortográfico de 2009 não é a primeira tentativa de uniformizar a língua portuguesa nos países que a utilizam. Segundo Castilho (2010), entre os séculos XVI e começo do XX, a escrita era predominantemente etimológica. Assim, por exemplo, escrevia-se *pharmacia* em lugar de *farmácia* porque a palavra deriva do grego *phármakos*, que significa "veneno". Foi somente a partir de 1904 que propostas a respeito da simplificação da ortografia começaram a surgir. E, em 1931, Brasil e Portugal aprovaram o primeiro acordo ortográfico baseado na simplificação ortográfica.

d. Após a leitura do *Diário de Pernambuco*, em grupos, verifiquem as diferenças de linguagem que mais chamaram a atenção, listem e busquem descobrir como, atualmente, esses termos são usados.

e. Ainda em grupo, reescrevam o conteúdo do *Diário de Pernambuco* utilizando uma linguagem parecida com a que encontramos em publicações de jornais atuais. Não é necessário que o texto seja idêntico ao original, somente que contenha as informações mais importantes da publicação.

8. Observe o trecho da letra da canção "Quem te viu, quem te vê", escrita por Chico Buarque, em 1967.

   Quem te viu, quem te vê
   Chico Buarque

   [...]
   Hoje o samba saiu, lálalaiá, procurando você
   Quem te viu, quem te vê
   Quem não a conhece não pode mais ver pra crer
   Quem jamais a esquece não pode reconhecer

   Quando o samba começava você era a mais brilhante
   E se a gente se cansava você só seguia adiante
   Hoje a gente anda distante do calor do seu gingado
   Você só dá chá dançante onde eu não sou convidado
   [...]

   Ao ler a letra da canção de Chico Buarque, você consegue identificar alguma palavra ou expressão que comprove que a letra é da década de 1960? Se sim, quais?

9. Agora, leia o trecho de uma notícia publicada no site da prefeitura de Cabedelo, cidade da Paraíba:

PREFEITURA DE CABEDELO LEMBRA DIA DO IDOSO COM AÇÕES ESPECIAIS NA PRAÇA GETÚLIO VARGAS

A Prefeitura Municipal de Cabedelo (PMC), por meio da Secretaria de Assistência Social (Semas), celebrou, nesta terça-feira (01), o Dia Internacional da Pessoa Idosa. A comemoração se deu com a realização de uma edição especial do projeto *Assistência à Pessoa Idosa: Direitos e Cidadania*, ação coordenada pela pasta e que acontece no início de cada mês.

[...]

No último dia 26, a PMC antecipou as comemorações pelo Dia do Idoso, com a realização de um Chá Dançante na Fortaleza de Santa Catarina. O evento reuniu cerca de 200 idosos [...]

PREFEITURA MUNICIPAL DE CABEDELO. Prefeitura de Cabedelo lembra Dia do Idoso com ações especiais na Praça Getúlio Vargas. Cabedelo, 1º out. 2019. Disponível em: <https://cabedelo.pb.gov.br/prefeitura-de-cabedelo-lembra-dia-do-idoso-com-acoes-especiais-na-praca-getulio-vargas/>. Acesso em: 7 nov. 2022.

a. A utilização da expressão "chá dançante" na notícia da prefeitura de Cabedelo está adequada? Por quê?
b. Como você nomeia as festas que frequenta? Existem palavras ou expressões que possam substituir o termo "chá dançante" atualmente?

VARIAÇÃO SOCIAL

1. Leia o texto a seguir e responda às seguintes questões:

Vício na fala
Oswald de Andrade

Para dizerem milho dizem mio
[...]
E vão fazendo telhados.

<small>ANDRADE, Oswald de. *Poesias reunidas*. 5. ed. Rio de Janeiro: Civilização Brasileira, 1971, p. 89.</small>

PARA O PROFESSOR COMENTAR COM A TURMA

Analfabetos e cidadãos escolarizados não falam exatamente da mesma forma. Analfabetos usam o português popular, ou variedade não culta. Pessoas escolarizadas usam o português culto, ou variedade padrão, aprendida na escola ou no ambiente familiar. (Castilho, 2010: 204)

---

a. O que o autor pretende mostrar com esse poema?
b. Há algum juízo de valor apresentado pelo autor, ou seja, ele expressa algum tipo de avaliação negativa ou positiva em relação à variedade linguística utilizada?
c. O que significa o verso "E vão fazendo telhados.", que fecha o poema?

2. Discorra sobre as afirmações que se seguem, dando sua opinião.

   a. "Algumas expressões de linguagem são tão específicas de um grupo que passam a ser conhecidas apenas pelas pessoas que as utilizam." Exemplifique.
   b. "Quando eu tô na escola, na aula de Português, eu fico me policiando muito, senão a professora pega no meu pé." É somente nas aulas de Português que devemos nos policiar quanto ao uso da variedade padrão? Justifique sua resposta.
   c. Um candidato a uma vaga de trabalho chega a uma entrevista e inicia assim o seu discurso: "Aí, chefia, dá pra descolar um bico pra mim trampá aqui?". Ele conseguirá a vaga? Por quê? Qual seria a variedade linguística mais adequada nesta situação?

PARA O PROFESSOR COMENTAR COM A TURMA

Quem pratica o português popular não "fala errado" – apenas opera com a variedade correspondente ao seu nível sociocultural. Quem pratica o português culto não "fala certo", de novo apenas se serve da variedade correspondente ao seu nível sociocultural. (Castilho, 2010: 205)

3. Leia o texto a seguir e responda às seguintes questões:

Inútil
Roger Moreira

A gente não sabemos escolher presidente
A gente não sabemos tomar conta da gente
A gente não sabemos nem escovar os dente
Tem gringo pensando que nóis é indigente...

Inútil! A gente somos inútil!
Inútil! A gente somos inútil! [...]

INÚTIL. Compositor: Roger Moreira. Intérprete: Ultraje a Rigor. *In*: NÓS vamos invadir a sua praia. Rio de Janeiro: WEA, 1985.

a. Qual é o tema dessa música?
b. A primeira estrofe é inteiramente composta de inadequações na concordância verbal. Isso teria alguma relação com o tema da canção? Por quê?
c. Os falantes de variedades como as apresentadas na primeira estrofe costumam ser avaliados negativamente. Comente essa afirmação.
d. As gramáticas normativas dizem que o verbo deve concordar com seu sujeito em número e pessoa. No entanto, não é o que comumente vemos na fala cotidiana. Você sempre faz as concordâncias verbais e nominais de acordo com a gramática normativa? Comente.
e. Entre as formas "Nós vai trabalhar amanhã." e "Os menino bonito e inteligente chegaram.", qual delas sofre mais preconceito quando pronunciada?

4. Observe as seguintes expressões:

> i. Naquele tempo, ganhava presente todos da minha família.
> ii. Foi doado as sobras da festa.
> iii. Vende-se casas e apartamentos.

a. Essas expressões estão de acordo com as normas gramaticais de concordância? Por quê?
b. Esse tipo de inadequação é comum apenas às variedades mais populares da língua ou a todos os falantes do português?
c. Esse tipo de concordância acontece aleatoriamente ou há uma lógica que justifique seu uso? Explique.
d. Em nosso dia a dia, utilizamos a linguagem de acordo com o que determina a gramática normativa? Justifique sua resposta.
e. Busque, com seus colegas, outras formas de inadequação cometidas cotidianamente por todos os brasileiros e classifique-as quanto ao grau de estigmatização. Por exemplo: "Vende-se casas." não sofre muita pressão negativa, ao contrário do que acontece com "Nós trabalha", sendo o "Nós trabaia" ainda mais estigmatizado.

5. Em grupos com quatro integrantes, entreviste um homem e uma mulher da mesma idade. Gravem a entrevista, transcrevam e, depois, comparem as falas dos dois. Há diferenças? O que há de mais acentuado? O que se pode concluir com isso?

Repitam o processo, agora entrevistando um jovem e um idoso.

> **PARA O PROFESSOR COMENTAR COM A TURMA**
>
> [...] nosso grande desafio, neste início de século e milênio, é reunir esforços para construir uma pedagogia da variação linguística que não escamoteie a realidade linguística do país (reconheça-o como multilíngue e dê destaque crítico à variação social do Português); não dê um tratamento anedótico ou estereotipado aos fenômenos da variação; localize adequadamente os fatos da norma culta no quadro amplo da variação e no contexto das práticas sociais que a pressupõem; abandone criticamente o cultivo da norma-padrão; estimule a percepção do potencial estilístico e retórico dos fenômenos da variação.
>
> [...]
>
> Mas, acima de tudo, uma pedagogia que sensibilize as crianças e os jovens para a variação de tal modo que possamos combater os estigmas linguísticos, a violência simbólica, as exclusões sociais e culturais fundadas na diferença linguística. (Faraco, 2008: 189)

6. Leia o texto a seguir e responda às questões.

"NÓIS MUDEMO"

Fidêncio Bogo

O ônibus da Transbrasiliana deslizava manso pela Belém-Brasília rumo ao Porto Nacional. Era abril, mês das derradeiras chuvas. No céu, uma luazona enorme pra namorado nenhum botar defeito. Sob o luar generoso, o cerrado verdejante era um presépio, todo poesia e misticismo.

As aulas tinham começado numa segunda-feira. Escola de periferia, classes heterogêneas, retardatários. Entre eles, uma criança crescida, quase um rapaz.

– Por que você faltou esses dias todos?

– É que nóis mudemo onti, fessora. Nóis veio da fazenda. Risadinhas da turma.

– Não se diz "nóis mudemo" menino! A gente deve dizer: nós mudamos, tá?

– Tá fessora!

No recreio as chacotas dos colegas: Oi, nóis mudemo! Até amanhã, nóis mudemo! No dia seguinte, a mesma coisa: risadinhas, cochichos, gozações.

– Pai, não vô mais pra escola!

– Oxente! Módi quê?

Ouvida a história, o pai coçou a cabeça e disse:

– Meu fio, num deixa a escola por uma bobagem dessa! Não liga pras gozações da mininada! Logo eles esquece.

Não esqueceram.

Na quarta-feira, dei pela falta do menino. Ele não apareceu no resto da semana, nem na segunda-feira seguinte. Aí me dei conta de que eu nem sabia o nome dele. Procurei no diário de classe e soube que se chamava Lúcio – Lúcio Rodrigues Barbosa. Achei o endereço.

Longe, um dos últimos casebres do bairro. Fui lá, uma tarde. O rapaz tinha partido no dia anterior para casa de um tio, no sul do Pará.

– É, professora, meu tio não aguentou as gozações da mininada. Eu tentei fazê ele continuá, mas não teve jeito. Ele tava chateado demais. Bosta de vida! Eu devia di tê ficado na fazenda coa famia. Na cidade nóis não tem veis. Nóis fala tudo errado.

Inexperiente, confusa, sem saber o que dizer. Engoli em seco e me despedi.

O episódio ocorrera há dezessete anos e tinha caído em total esquecimento, ao menos de minha parte.

Uma tarde, um povoado à beira da Belém-Brasília, eu ia pegar o ônibus, quando alguém me chamou.

Olhei e vi, acenando para mim, um rapaz pobremente vestido, magro, com aparência doentia.

– O que é, moço?

– A senhora não se lembra de mim, fessora?

Olhei para ele, dei tratos à bola. Reconstitui num momento meus longos anos de sacerdócio, digo de magistério. Tudo escuro.

– Não me lembro não, moço. Você me conhece? De onde? Foi meu aluno? Como se chama?

Para tantas perguntas, uma resposta lacônica:
– Eu sou "Nóis mudemo", lembra?
Comecei a tremer.
– Sim, moço. Agora lembro. Como era mesmo o seu nome?
– Lúcio – Lúcio Rodrigues Barbosa.
– O que aconteceu?
– Ah! Fessora! É mais fácil dizê o que não aconteceu. Comi o pão que o diabo amassô. E êta diabo bom de padaria! Fui garimpeiro. Fui boia-fria, um "gato" me arrecadou e levou num caminhão pruma fazenda no meio da mata. Lá trabaiei como escravo, passei fome, fui baleado quando consegui fugi. Peguei tudo quando é doença. Até na cadeia já fui pará. Nóis ignorante as veis fais coisa sem querê fazê. A escola fais uma farta danada. Eu não devia tê saído daquele jeito, fessora, mais não aguentei as gozação da turma. Eu vi logo que nunca ia consegui falá direito. Ainda hoje não sei.
– Meu Deus!
Aquela revelação me virou pelo avesso. Foi demais para mim. Descontrolada, comecei a soluçar convulsivamente. Como eu podia ter sido tão burra e má? E abracei o rapaz, o que restava do rapaz que me olhava atarantado.
O ônibus buzinou com insistência.
O rapaz afastou-me de si suavemente.
– Chora não, fessora! A senhora não tem curpa.
– Como? Eu não tenho culpa? Deus do céu!

> Entrei no ônibus apinhado. Cem olhos eram cem flechas vingadoras apontadas para mim. O ônibus partiu. Pensei na minha sala de aula. Eu era uma assassina a caminho da guilhotina.
>
> Hoje tenho raiva da gramática. Eu mudo, tu mudas, ele muda, nós mudamos... Super usada, mal usada, abusada, ela é uma guilhotina dentro da escola. A gramática faz gato e sapato da língua materna, a língua que a criança aprendeu com seus pais e irmãos e colegas – e se torna o terror dos alunos. Em vez de estimular e fazer crescer, comunicando, ela reprime e oprime, cobrando centenas de regrinhas estúpidas para aquela idade.
>
> E os lúcios da vida, os milhares de lúcios da periferia e do interior, barrados nas salas de aula: "Não é assim que se diz, menino!" Como se o professor quisesse dizer: "Você está errado! Os seus pais estão errados! Seus irmãos e amigos e vizinhos estão errados! A certa sou eu! Imite-me! Copie-me! Fale como eu! Você não seja você! Renegue suas raízes! Diminua-se! Desfigure-se! Fique no seu lugar! Seja uma sombra!"
>
> E siga desarmado para o matadouro da vida...
>
> BOGO, Fidêncio. "Nóis mudemo". Fidêncio Bogo, 23 maio 2011. Disponível em: <http://fidenciobogo.blogspot.com/2011/05/conto-nois-mudemo.html>. Acesso em: 7 nov. 2022.

a. O que influenciou a fala de Lúcio?

b. Qual é o tipo de linguagem utilizada por Lúcio?

c. Você sabe o que é o preconceito linguístico? Você sabia que o preconceito linguístico é uma forma de *bullying*? Você já sofreu ou conhece alguém que tenha sofrido esse tipo de *bullying*?

PARA O PROFESSOR COMENTAR COM A TURMA

Preconceito linguístico

O preconceito linguístico consiste numa discriminação sem fundamento contra variedades linguísticas. Esse preconceito é também um preconceito social e tem como alvo pessoas que falam de forma diferente devido a algum motivo histórico, geográfico ou social.

Bullying

Bullying é definido por Cleo Fante (2011: 29) como "comportamento cruel e intrínseco nas relações interpessoais, em que os mais fortes convertem os mais frágeis em objetos de diversão e prazer, através de 'brincadeiras' que disfarçam o propósito de maltratar e intimidar."

d. Você acredita que exista alguma forma de evitar que situações como essas, exemplificadas no texto, ocorram?

e. Em que situações utilizamos ou devemos utilizar a norma culta?

f. Você acredita que sabe falar o português? Por quê?

g. "A gramática faz gato e sapato da língua materna – a língua que a criança aprendeu com seus pais, irmãos e colegas – e se torna o terror dos alunos." Esta afirmativa do texto está correta, ou seja, você acredita que a gramática é o terror dos alunos? O que pode ser feito para que a gramática seja vista de forma positiva?

VARIAÇÃO ESTILÍSTICA

> **PARA O PROFESSOR COMENTAR COM A TURMA**
> **A variação estilística**
>
> As pessoas podem adaptar sua linguagem a qualquer situação de interação. Elas fazem isso porque não há falantes de região e meio sociocultural homogêneos. Portanto, cada ato comunicativo pode apresentar um estilo específico de linguagem, que oscila entre o estilo formal e o informal, os quais podem ocorrer tanto na fala quanto na escrita, intercalando em turnos durante a mesma atividade.

1. Leia os diálogos a seguir. Observe as diferenças na fala de João.

1º Diálogo

João: E aí, Mário, tudo certo?

Mário: Tudo sim e você?

João: Tudo, também. Quanto tempo, hein!

Mário: Faz tempo mesmo.

João: Senta aqui pra gente conversar.

Mário: Claro.

João: Mas e aí, como vão as coisas?

Mário: Sabe, minha vida tá uma correria. Tô trabalhando demais, quase não tenho tempo.

João: É, então, agora mesmo tenho que almoçar rapidão pra voltar pra empresa...

Mário: Falando nisso, vamos comer?

João: Beleza.

2º Diálogo

Dra. Márcia: Boa tarde, João. Fez o relatório que eu pedi?

João: Boa tarde, doutora. Fiz sim, está pronto. Deixe-me mostrar.

Dra. Márcia: Por favor.

João: De acordo com os dados cadastrados, constatamos um resultado diferente do esperado. Portanto, sugiro algumas alterações no projeto.

Dra. Márcia: Está bem, vou ler com calma e depois conversamos mais sobre isso.

João: Fique à vontade, Dra. Márcia. Estou à sua disposição para o que for necessário.

Em cada um dos diálogos, João ajusta sua fala de acordo com a situação em que está; ou seja, se ele está numa situação com amigos, com quem tem intimidade, ele fala de um modo mais informal; se está no trabalho, por exemplo, fala com sua chefe com mais formalidade, utilizando enunciados mais elaborados.

Trabalhando a escrita em grupo:

Em dupla, realizem dois diálogos, como os que vimos anteriormente. No primeiro, imaginem que estão numa situação informal e no outro, numa situação mais formal.

2. É possível reproduzir muitas situações de uso da língua; basta adaptar a linguagem e desenvolver o assunto. Às vezes, o local, o interlocutor ou a situação podem colaborar também. Veja no trecho da entrevista transcrito a seguir como o entrevistado utiliza sua linguagem. Trata-se de uma entrevista sobre o cotidiano de um jornalista.

> **Entrevistador:** Como poderia descrever seu cotidiano?
>
> **Jornalista:** Bom, eu não tenho uma rotina bem definida. Dedico-me ao meu trabalho e à minha família. Faço as pautas do jornal e as entrevistas, mas também busco meus filhos na escola e os ajudo com o dever de casa.
>
> **Entrevistador:** Você observa alguma mudança na sua linguagem quando apresenta o jornal?
>
> **Jornalista:** Com certeza, eu tenho que me monitorar, pois quando estou apresentando o jornal preciso utilizar uma linguagem formal, principalmente quando o assunto é sério. Assim, no jornal, eu uso uma linguagem distinta da que utilizo em outros momentos.

Agora responda às questões:

a. Nessa entrevista, qual o nível de monitoração linguística utilizado pelo jornalista? Ele monitorou mais ou menos sua linguagem? Ele utilizou a linguagem formal ou informal?
b. Observe o trecho da entrevista e encontre exemplos desse tipo de monitoração estilística da linguagem.
c. Em quais outras situações de oralidade é essencial utilizar a linguagem formal?
d. O jornalista afirma que sua linguagem é diferente conforme a situação, pois no jornal faz o uso de uma linguagem distinta da que utiliza em outros momentos. Por que isso ocorre?

Trabalhando a oralidade em grupo:

Dividam-se em grupos com cinco alunos e organizem uma apresentação para sua turma. Vocês deverão encenar uma situação de comunicação formal ou informal. Divirtam-se!

Orientações para a atividade de criação:

- Criem um ambiente propício para sua história.
- Decidam qual é o ambiente: uma sala de aula, uma cozinha, um parque de diversões, um escritório, um corredor de hospital etc.
- Depois, imaginem as características da situação cotidiana que ocorrerá no local escolhido: será uma situação formal ou informal? Quantas personagens? Qual é o assunto da conversa?

- Construam o perfil das personagens, adequando sua linguagem à situação escolhida.
- Após terminarem a elaboração dos diálogos, ensaiem as falas e preparem a apresentação para a turma toda.

PARA O PROFESSOR COMENTAR COM A TURMA

Antes de sair de casa, escolha a língua portuguesa que você irá vestir/usar!

A variação estilística considera um mesmo indivíduo em diferentes circunstâncias de comunicação: se está em um ambiente familiar, profissional, o grau de intimidade, o tipo de assunto tratado e quem são os receptores. É possível identificar dois limites extremos de estilo: o informal, quando há pouca reflexão do indivíduo sobre as normas linguísticas, utilizado nas formas de interação imediatas do cotidiano; e o formal, em que o grau de reflexão é maior, utilizado em formas de interação que não são do dia a dia, com conteúdo mais elaborado e complexo. Não se deve estabelecer a relação entre estilo formal e informal com língua escrita e falada, pois os dois estilos ocorrem em ambas formas de interação.

---

3. A linguagem verbal é fundamental para que possamos nos comunicar; porém, às vezes não atinge seu objetivo. Com base nisso, leia a crônica a seguir e responda às questões.

Diálogo de todo dia
Carlos Drummond de Andrade

– Alô, quem fala?
– Ninguém. Quem fala é você que está perguntando quem fala.
– Mas eu preciso saber com quem estou falando.
– E eu preciso saber antes a quem estou respondendo.
– Assim não dá. Me faz o obséquio de dizer quem fala?
[...]
– Bolas!
– Bolas digo eu. Bolas e carambolas. Por acaso você não pode dizer com quem deseja falar, para eu lhe responder se essa pessoa está ou não aqui, mora ou não mora neste endereço? Vamos, diga de uma vez por todas: com quem deseja falar?
Silêncio.
– Vamos, diga: com quem deseja falar?
– Desculpe, a confusão é tanta que eu nem sei mais. Esqueci. Tchau.

ANDRADE, Carlos Drummond de. *Para gostar de ler* – Júnior. v. 3. São Paulo: Ática, 2001, p. 21-22.

a. A crônica apresenta linguagem nos estilos formal e informal. Identifique trechos que exemplifiquem essa variação.
b. Identifique, no texto, marcas de oralidade, ou seja, expressões que são utilizadas com frequência na fala.
c. A crônica é uma narrativa curta com temas relacionados a situações ocorridas no cotidiano. É possível afirmar que a linguagem empregada é adequada à situação? Por quê?

4. Observe os dois e-mails a seguir e, depois, responda ao que se pede.

E-mail 1
De: dr.otto@xmail.com Para: dr.pedrocosta@xmail.com Assunto: Reunião Anexo: convite Dr. Pedro Costa, Infelizmente, não poderei estar presente na reunião agendada para sexta-feira. Devo ministrar uma conferência nesta data, para a qual está convidado (vide convite anexo). Aguardo nova data para nossa reunião. Att. Dr. Otto Faria de Oliveira Oftalmologista Clínica de olhos Faria Oliveira Telefone: 3335 6666

E-mail 2
De: dr.otto@xmail.com Para: bia_lindinha@xmail.com Assunto: Reunião Anexo: convite Oi, maninha, tudo certo? Fui convidado p/ dar uma conferência (hehehe). O convite tá em anexo. Tô me preparando, então não vou pra casa dos pais no fds. Vc vai pra casa no outro fds? Precisamos reunir a galera, será níver do Lucas. Bjs. Otto Att. Dr. Otto Faria de Oliveira Oftalmologista Clínica de olhos Faria Oliveira Telefone: 3335 6666

a. Qual é o assunto das duas mensagens? Trata-se do mesmo acontecimento?

b. Qual é o estilo de linguagem (formal ou informal) utilizada em cada mensagem?

c. O estilo da linguagem (formal ou informal) tem relação com o assunto da mensagem e o destinatário? Justifique sua resposta.

5. Leia o trecho da canção a seguir.

Nervos de Aço
Lupicínio Rodrigues

Você sabe o que é ter um amor, meu senhor?
Ter loucura por uma mulher
[...]

Você sabe o que é ter um amor, meu senhor
E por ele quase morrer
E depois encontrá-lo em um braço,
Que nem um pedaço do seu pode ser?
[...]
Me dá um desejo de morte ou de dor

NERVOS de aço. Compositor: Lupicínio Rodrigues. Intérprete: Paulinho da Viola, LP/1973; CD/1996.

a. Identifique, no texto, as construções sintáticas utilizadas em situações formais.
b. De acordo com a norma-padrão, não se usa pronome oblíquo átono em início de frase. Qual verso rompe com essa regra? Por que ocorre esse rompimento na canção?
c. Essa canção apresenta letra com trechos em linguagem formal. Você conhece outras canções que apresentam a linguagem formal? Se sim, quais?

6. A comunicação tem várias finalidades: informar, divulgar, descrever, convencer. Para produzir eficazmente o efeito desejado, é necessário empregar o conhecimento a respeito da língua e suas variedades linguísticas. Considerando essas informações, imagine que você precisa convencer uma empresa a comprar seu produto. Ao conversar com os donos, você, de acordo com o produto escolhido e a situação em que será apresentado, poderá:

- usar gírias;
- apresentar a proposta evidenciando a norma-padrão;
- utilizar o registro informal;
- fazer o uso da variação geográfica da sua região, diferente da utilizada pelo dono da empresa;
- não se preocupar com sua linguagem.

Justifique suas escolhas.

VARIAÇÃO GEOGRÁFICA

1. Observe o texto a seguir.

> Em São Paulo, as pessoas descem do ônibus. No Rio de Janeiro, elas saltam do ônibus. Em Santos, média é um pãozinho,
> Em Itu (SP), pãozinho é filão. Em São Paulo, capital, o filão é um pão grande.
>
> VARIAÇÃO de expressões. Hotsplan. Disponível em: http://www.hostplan.com.br/servicos/componentes/portugues/expressoes.htm. Acesso em: 7 nov. 2022.

O texto traz algumas situações em que uma expressão pode apresentar variação quanto à escolha do vocabulário, de acordo com a região em que é utilizada.

a) Em grupos, conversem e determinem a quais regiões brasileiras pertencem as seguintes expressões em destaque.
   i. Mãe!!! Teve uma **pechada** na **sinaleira** da rua Uruguai com a rua Horizontina.
   ii. Lá na minha terra, em dia de domingo, que delícia, é **jabá** com **jerimum**.
   iii. Pra dar sustança de verdade é só arroz, feijão, **macaxeira** com **jabá** e, depois, para adoçar, uma rapadura.
   iv. No corre da **sanga**, molho meus pés descalços.

b) Apresente termos equivalentes utilizados em sua região.

2. Vários estados brasileiros já têm um atlas linguístico, obra de caráter científico que agrupa algumas das variedades da língua em uma região. No Paraná, temos, por exemplo, a carta linguística que registra as seguintes variantes para banana que nasce grudada: gêmeas, filipe e inconha.

Veja a carta com as variantes para "banana que nasce grudada" no Atlas Linguístico do Paraná (ALPR).

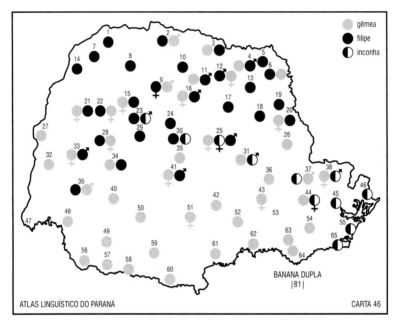

Fonte: Adaptado de AGUILERA, V. *Atlas linguístico do Paraná*. Curitiba: Imprensa Oficial, 1994, p. 107.

Para a leitura da carta do ALPR, siga as seguintes instruções: as respostas estão distribuídas nos pontos linguísticos (cidades pesquisadas). As bolinhas sem símbolos de masculino e feminino, são as respostas dadas pelos dois informantes (homem e mulher) na localidade. As bolinhas com o símbolo ♂ são as respostas dadas apenas por homens; e com o símbolo ♀ são as respostas dadas apenas pelas mulheres (cf. Aguilera, 2004).

a) Observando a carta linguística sobre a banana que nasce grudada, responda:
   i. Qual é a variante que predomina no Paraná?
   ii. No norte do estado há maior ocorrência de qual variante?
   iii. E no sul do estado, qual variante predomina?
   iv. Por que você acha que acontece essa diferença em nomear o mesmo fruto? Quais poderiam ser os motivos para essa diferença?

Vejam agora a carta do ALPR sobre o brinquedo feito de forquilha de madeira e borracha, usado para acertar passarinhos:

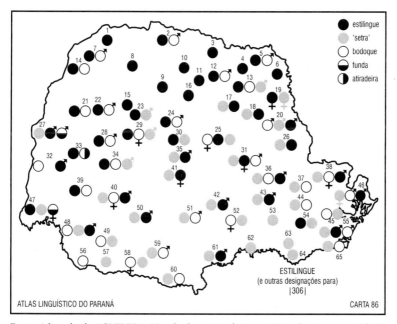

Fonte: Adaptado de AGUILERA, V. *Atlas linguístico do Paraná*. Curitiba: Imprensa Oficial, 1994, p. 195.

b. Em grupos, desenvolvam a seguinte atividade:
   i. Converse sobre a variação regional, levantando quanto cada integrante do grugo conhece sobre o tema.
   ii. Pesquisem em livros, revistas, jornais e na internet alguns exemplos de outras variedades regionais.
   iii. Após a pesquisa, organizem o que encontraram sobre a variação geográfica.
   iv. Apresentem o que encontraram sobre essa variação e ressaltem as curiosidades descobertas a respeito do tema.

3. Dentre os estudos sobre a variação linguística podemos citar o *Atlas Linguístico do Paraná* (Aguilera, 1994), que visitou 65 localidades no estado, investigando o falar paranaense. Dessa coleta de dados, além do Atlas do Paraná, vários outros trabalhos puderam ser feitos. O trabalho de Rodrigues (2000), *Para um glossário da fala rural paranaense*, mostra vários vocábulos que hoje, pela dinâmica da língua e pela utilização da variante de prestígio, podem ter caído em desuso.

Alguns deles:

1. **ACROCAR** – acocorar, ficar de cócoras.
2. **ARIGÓ** – alpargatas.
3. **ARQUETE** – espécie de armadilha para pegar passarinhos.
4. **BAITACA** – papagaio, ave que imita a voz humana.
5. **BARBICACHO** – cavanhaque.
6. **BERONHA** – mosquito que pica o animal.
7. **PANDORGA** – papagaio, brinquedo de papel.
8. **SETRA** – estilingue.
9. **TAQUARA** – bambu que queima a pele.

Todos nós conhecemos alguém que, por motivos diversos – etnia, escolaridade, idade, entre outros fatores –, possui um vocabulário característico. Busque, junto a pessoas conhecidas, algumas palavras ou expressões típicas de uma região.

Orientações para a atividade extraclasse:

a. Estipule quatro ou cinco termos que você queira saber como as pessoas falam. Exemplo: setra, estilingue.
b. Em seguida, elabore as questões que você utilizará para perguntar como seu informante conhece o termo escolhido por você. Exemplo: "Como se chama o brinquedo feito de uma forquilha e duas tiras de borracha, que os meninos usam para matar passarinho?".
c. Selecione quatro pessoas que você conhece, de preferência vindas de outras regiões do país.

d. Faça as perguntas e anote as respostas; não se esqueça de anotar a região de origem de cada informante para comparar as respostas depois.
e. Analise as respostas e veja os termos frequentes em cada região. Agora, compare: são os mesmos que você utiliza?

PARA O PROFESSOR COMENTAR COM A TURMA

Lembre-se: este não é um levantamento dos erros dos falantes da língua portuguesa, mas das variantes da língua que falamos.

---

4. Leia o trecho que segue com uma citação do linguista romeno Eugenio Coseriu e responda à pergunta.

"[...] a língua muda sem cessar, mas a mudança não destrói e não a afeta no seu 'ser língua', que se mantém intacto" (Coseriu, 1979: 237).

Léxico: pode ser definido como o acervo de palavras de determinado idioma.

Semântica: ramo da Linguística que estuda o significado.

Fonética: ramo da Linguística que estuda a natureza física da produção e da percepção dos sons da fala humana.

As diferentes variedades linguísticas regionais existentes no Brasil, sejam elas lexicais, semânticas ou fonéticas, prejudicam de alguma forma a comunicação e o entendimento entre os falantes? Justifique sua resposta.

5. Leia o trecho a seguir.

Língua Brasileira

Outro dia encontrei um mandinho, um guri desses que andam pela rua sem carpim, de bragueta aberta, soltando pandorga. Eu vinha de bici, descendo a lomba para ir na lancheria comprar umas bergamotas [...]

RAMIL, Kledir. *Tipo assim*. Porto Alegre: RBS Publicações, 2003, p. 75-76.

O texto está escrito em uma linguagem típica da capital Porto Alegre. Como ficaria o trecho apresentado se fosse adaptado para a variedade linguística de sua região?

Leia o texto a seguir e responda às questões 6 e 7.

Vidas Secas

Fabiano, as orelhas ardendo, não se virou. Foi pedir a seu Inácio os troços que ele havia guardado, vestiu o **gibão**, passou as correias dos **alforjes** no ombro, ganhou a rua. Debaixo do jatobá do quadro **taramelou** com sinhá Rita Louceira, sem se atrever a voltar para casa. Que desculpa iria apresentar a sinhá Vitória? [...] A mulher se incharia com a notícia. Talvez não se inchasse. Era atilada, notaria a **pabulagem**. [...] Olhou as coisas e as pessoas em roda e moderou a indignação. Na caatinga ele às vezes cantava de galo, mas na rua encolhia-se.

RAMOS, Graciliano. *Vidas secas*. Rio de Janeiro: Livraria Martins, 1938, p. 13.

6. A partir da linguagem do texto, é possível afirmar que ele se refere a que espaço geográfico brasileiro?

7. As palavras em destaque (gibão, alforje, taramelou, pabulagem) são utilizadas por todos os falantes de língua portuguesa? O que elas significam? Caso seja necessário, recorra ao dicionário.

8. A variação linguística também está presente no português brasileiro. É possível verificar que pessoas de regiões diferentes falam de forma diferente.
Atualmente, existe um estudo que se preocupa em pesquisar, descrever e mapear o uso da língua no Brasil. Isso possibilita observar as variantes para um mesmo objeto, utilizadas em diferentes regiões; por exemplo: a) *blush* e *rouge*, presentes em todas as regiões, enquanto *carmim* é utilizada somente por alguns falantes mais velhos; b) *grampo* é comum em quase todo território brasileiro, *invisível* é encontrada apenas na cidade de Cuiabá; *beliro*, no Nordeste (Natal, João Pessoa, Recife e Maceió); *misse* em duas capitais do Nordeste, Aracaju e Salvador; e *ramona* nas capitais da região Centro-Oeste e da região Sul.
Você já conversou com alguém de outro estado e notou algum termo diferente do que você usa? Como foi sua experiência?

9. *Trabalhando a oralidade em grupo*:

Considere a variedade regional para realizar esta atividade. Forme duplas e organize uma apresentação para sua turma. Elabore um diálogo a respeito de um assunto de sua preferência, escolhendo uma variedade regional. Assim, uma dupla poderá utilizar a variedade característica dos mineiros, outra dos gaúchos, dos cariocas, dos paulistas, dos baianos etc.

Orientações para a atividade de criação:
- Crie um ambiente para sua história que represente a variedade regional a ser utilizada.
- Decida qual é a região do Brasil: Norte, Sul, Nordeste etc.
- Escolha o tema da conversa, ou seja, sobre qual assunto as personagens irão conversar: futebol, animais de estimação, novela, filmes, profissões, receitas culinárias, entre outros.
- Construa o perfil das personagens e empregue adequadamente a linguagem característica da região escolhida. Para isso, será preciso pesquisar mais a linguagem da região escolhida.
- Após terminar a elaboração dos diálogos, ensaie as falas e prepare a apresentação para a turma toda.

Respostas

A seguir, apresentam-se as respostas às unidades.

ATIVIDADES DE "VARIAÇÃO HISTÓRICA"

1)
   a. Sim, principalmente em relação às palavras que utilizou, como "desenxabida" e "desacorçoada". Além disso, a avó usou o pronome "Vossa", que atualmente está em desuso na fala dos brasileiros.
   b. **Desenxabido – 1)** desprovido de gosto, de sabor; insípido, insosso; **2)** a que falta interesse particular ou graça; marcado pela repetição; aborrecido, monótono.
   Desacorçoado – posto à margem da sociedade; desamparado, abandonado. (cf. Houaiss, 2001).
   No sentido pelo qual foram utilizadas pela avó, essas palavras, hoje, podem ser substituídas pelos seguintes termos: desanimada, cansada, "pra baixo", entre outros.
   c. Resposta pessoal.

2)
   a. Provizorio, prezente, geraes, portugueza, decretarão, attendendo, hé, posivel, escollas, entre outras.
   b. Morigerado – que tem bons costumes ou vida exemplar.

3) Resposta pessoal.
   Comentário: Evanildo Bechara, um dos membros da comissão de lexicógrafos da Academia Brasileira de Letras, afirmou, em entrevista à revista *Veja*, em 2012, que "O

dicionário tem a função de ser o espelho vivo da língua, o repertório da memória cultural e histórica do idioma". O dicionário, nesse sentido, reflete a evolução pela qual passa a sociedade em todas as suas esferas, levando a um acréscimo de verbetes a cada edição publicada.

4)   a. Resposta pessoal.
    b. **Embarcar** - en- + barca + -ar (Houaiss, 2001), inicialmente, significava entrar na barca.
    Avião – "significava ave grande; quando foi inventado um aparelho que voava, nada mais normal do que chamá-lo de avião" (Garcia, 2011: 69-70).
    Tela – Segundo Garcia (2011: 70), tela significava, inicialmente, um *tipo de tecido*. De acordo com o pesquisador, "quando o cinema foi inventado, ele era projetado num *retângulo desse tecido* montado sobre uma base, que passou a ser chamado, muito simplesmente, de tela; com a chegada da televisão e outras formas de vídeo, o termo tela generalizou-se para designar a '*porção plana do aparelho* onde se projetam as imagens'" (Garcia, 2011: 70).
    Vilão – originalmente significava *habitante de uma vila*; "devido ao preconceito que as pessoas da época tinham contra os pobres, que moravam nas vilas, a palavra vilão foi desenvolvendo, pouco a pouco, o sentido de *grosseirão, malvado*" (Garcia, 2011: 71).

5)   Resposta pessoal.
    Sugestões: digitar, deletar.

6)   a. De acordo com o texto, o homem não teve acesso à norma ensinada na escola.

b. Isso se explica, em grande parte, pela diacronia, ou seja, pela evolução da língua. O plural de *-ão* vem das terminações *-es* do latim, que apresenta *-es, -os, -us* no plural, antecedidos de *-n*; por exemplo: *leones* > leões; *canes* > cães; *manus* > mãos; *corationes* > corações; *panes* > pães; *christianos* > cristãos; *electiones* > eleições; *scribanes* > escrivães; *germanos* > irmãos. Podemos verificar que houve a queda do *-n*, resultando a nasalização, que é marcada pelo til, e a preservação das vogais seguintes ou alguma alteração, como no caso de *manus* > mãos, em que o *-u* se altera em *-o*.

7) a. Sim, a estrutura do jornal, principalmente a categoria "Classificados", que ainda encontramos em jornais atuais.
   b. Resposta pessoal. Resposta possível: "Sim, devido às diferenças ortográficas do português da época do *Diário de Pernambuco*, com a língua empregada atualmente".
   c. Resposta pessoal. Resposta possível: "O uso do *Ph* e de consoantes duplas, acentuação, *y* em vez de *i*, *h* no meio do ditongo, consoantes mudas, troca do *i* pelo *e*, uso de *ão* pelo *am*".
   d. Espera-se que o aluno verifique as diferenças da linguagem, no nível da ortografia – como em: Annuncios/Anúncios –, ou no nível lexical, devido à variação histórica – como em: Assaz populosa/Muito populosa.
   e. Resposta pessoal, de forma que o aluno consiga compreender o texto e transcrevê-lo para uma linguagem atual.

8) Chá dançante.

9) a. Sim, pois o "chá dançante" é destinado a pessoas de uma faixa etária que utiliza essa expressão.
   b. Resposta pessoal. Possível resposta: "Festa, baile, balada".

ATIVIDADES DE "VARIAÇÃO SOCIAL"

1)   a. Com o poema "Vício na Fala", o poeta mostra que a variedade linguística é uma realidade cuja realização não interfere na intercompreensão.
      b. O autor não expressa nenhum juízo de valor, apenas apresenta as variedades existentes.
      c. A partir do verso "E vão fazendo telhados.", é possível entender que, independentemente da forma como usam a língua e da variedade eleita naquele momento de interação, todos se entendem e são capazes de atuar na sociedade.

2)   a. Isso pode ocorrer na interação de alguns profissionais, como advogados, policiais, médicos etc. ou entre jovens ou grupos marginais que utilizam gírias.
      b. Não, não é somente nas aulas de Português que a preocupação com a adequação linguística deve existir. Conversas com estranhos, superiores hierárquicos, momentos de exposição social pedem um uso diferenciado da língua, numa variedade mais próxima da norma culta.
      c. Provavelmente, ele não conseguirá a vaga que deseja, uma vez que o momento pede o uso formal da língua. O candidato a uma vaga de emprego deve, no momento da entrevista, adequar sua fala para um uso mais próximo da norma culta.

3)   a. A canção refere-se a determinado estrato social, cuja voz não é ouvida, em especial por não utilizarem a variedade padrão da língua, prestigiada socialmente. Cabe ressaltar que há uma interpretação possível, levando

em consideração o contexto histórico no qual a canção se insere. Segundo dados do site Músicas Brasileiras (https://musicasbrasileiras.wordpress.com/2010/12/19/inutil-ultraje-a-rigor/), Roger Moreira, autor da canção, quando a escreveu, queria retratar o brasileiro, visto pelos estrangeiros como indigente; por isso, o desvio da norma seria uma forma de apresentar um desvio de expectativa de quem vê o brasileiro.

b. Ao não fazer as concordâncias verbais de acordo com a gramática normativa, o autor da letra tenta mostrar como o uso da língua tem relação com o prestígio social, ou seja, busca ilustrar o tema ao mencionar que somos tão inúteis que não somos capazes nem de "escolher presidente".

c. Quem não usa a variedade padrão da língua sofre preconceito em diversas situações da vida diária, uma vez que ainda existe um estigma que considera a fala fora da norma culta uma marca de ignorância ou falta de inteligência.

d. Resposta pessoal.

e. A primeira forma, "Nós vai trabalhar amanhã.", sofre mais preconceito quando pronunciada por se tratar de um traço descontínuo, ao passo que "Os menino bonito e inteligente." é mais aceito socialmente, pois faz parte do repertório linguístico da maioria dos falantes quando em interações não monitoradas.

> *Traço descontínuo*: na proposta de Bortoni-Ricardo (2011), é um fenômeno que ocorre ao longo do contínuo dialetal de urbanização até determinado ponto e depois não aparece mais. Por exemplo:
>
> ```
>                  dispois
>                    ▼                              ▼
> ─────────────────────────────────────────────────────────
>  Falares rurais              Variedade urbana padronizada
> ```
>
> Já o *traço gradual* ocorre ao longo de todo o contínuo, desde os falares rurais até a variedade urbana padronizada. Por exemplo: "eles viram" > "eles viro".
>
> *Contínuo dialetal*: é uma linha imaginária usada como recurso analítico para identificar os falares em todo o país. Na extremidade esquerda estão os falares rurais e na direita a variedade urbana padronizada. Além do contínuo de urbanização, Bortoni-Ricardo (2021) usa também os contínuos de oralidade e letramento, de monitoração estilística e o de acesso à internet.

4) a. As expressões não estão de acordo com as normas gramaticais de concordância. Na primeira, o sujeito é "Todos da minha família"; portanto, o verbo deveria ir para o plural – "ganhavam". Na segunda, o sujeito é "as sobras da festa", logo, o verbo também deve ir para o plural. Além disso, há uma inadequação na concordância nominal, consequentemente, o verbo deveria estar no plural e o seu complemento no feminino plural: "Foram doadas as sobras da festa". Na terceira, o sujeito é "casas e apartamentos"; portanto, o verbo deveria estar no plural: "Vendem-se.".

b. Esse tipo de inadequação é comum aos estratos populares, mas também é facilmente encontrado entre outros estratos, uma vez que as condições da estrutura dos enunciados favorecem o que os linguistas chamam de "perda do sujeito".

c. Há uma lógica a justificar tais inadequações. O sujeito posposto ao verbo, nos primeiros casos, desfavorece a concordância. Na última oração, o "se", partícula apassivadora, dificulta a identificação do sujeito.
   d. Não. Em momentos de maior descontração, é comum usarmos a linguagem informal.
   e. Resposta pessoal.

5) Espera-se que os alunos apresentem diferenças linguísticas que mostrem a distinção entre a fala de um homem e de uma mulher, como, por exemplo, o uso de diminutivos na fala feminina. Entretanto, pode acontecer de não haver diferenças na pesquisa dos alunos, o que é também interessante para refletir sobre as mudanças sociais que afetaram a língua no decorrer dos anos.

   Já em relação à entrevista com jovens e idosos, espera-se que a pesquisa dos alunos apresente variações resultantes das diferenças de idade, havendo provavelmente: (i) a presença de gírias na fala de jovens; (ii) monitoração linguística e termos antigos na fala de idosos.

   Ressalta-se que são possibilidades e a pesquisa pode apontar outros dados interessantes para a reflexão em sala de aula.

6) a. A fala de Lúcio sofreu influência do meio em que vivia, em especial de seus pais.
   b. Lúcio se expressa utilizando a variedade rural, também chamada de dialeto caipira.
   c. Resposta pessoal.
   d. Resposta pessoal.
   e. Devemos utilizar a norma culta ao falarmos com estranhos, superiores hierárquicos, ao nos expressarmos em público, solicitando emprego etc.

f. Resposta pessoal. O professor deve levar os alunos a entender que sabem falar português e que são capazes de atingir o domínio da norma culta, exigida socialmente.
g. Resposta pessoal. O professor pode aproveitar para mostrar a importância do ensino contextualizado da gramática e sua aplicabilidade na produção de textos orais e escritos.

ATIVIDADES DE "VARIAÇÃO ESTILÍSTICA"

1) Resposta pessoal. Sugere-se que a atividade seja realizada na modalidade oral. Entretanto, pode também ser registrada por escrito, desde que respeitados os modelos de registro apresentados nos textos da atividade.
Sugestão: para refletirem sobre as situações formais e informais que vivenciam, podem ser utilizadas ocasiões que ocorrem na escola, como uma conversa com o diretor e outra com um colega, por exemplo.

2) a. O jornalista utilizou uma linguagem mais monitorada, pois está em uma situação de comunicação que exige mais formalidade.

b. A linguagem formal pode ser verificada a partir do uso da concordância verbo-nominal, por exemplo: "Bom, eu não tenho uma rotina bem definida". O emprego da colocação pronominal "Dedico-me". É possível constatar também que não há, nessa entrevista, uso excessivo de gírias, optando por um vocabulário mais padrão: "Bom", "Assim".

c. A linguagem formal é utilizada em situações de oralidade, como uma entrevista, uma palestra, uma conferência, um pronunciamento, uma apresentação de seminário, entre outras.

d. A diferença na linguagem ocorre por causa das situações comunicativas, distintas entre si. Assim, é preciso primeiramente analisar a situação para, depois, adequar a linguagem, conforme foi feito pelo jornalista na entrevista em questão.

Trabalhando a oralidade em grupo: **Comentário:** Espera-se que os alunos apresentem diferenças linguísticas que comprovem a formalidade ou a informalidade nas interações linguísticas.

3) a. A crônica caminha no limiar entre a literatura e o jornalismo. Por sua temática ser, em geral, ligada à vida cotidiana, é bastante comum o uso de enunciados marcados por variação estilística informal. No texto "Diálogo de todo dia", vemos a representação de um diálogo realizado ao telefone, oral por definição. Os poucos traços de variedade formal ocorrem no uso específico do vocábulo "obséquio" e também da preposição "a" regendo o verbo "responder".
Estilo informal: "– Alô, quem fala?"; "– Quem fala é você que está perguntando quem fala."; "– Bolas digo eu. Bolas e carambolas."
Estilo formal: "– Me faz o obséquio de dizer quem fala?".
b. As marcas de oralidade presentes no texto são: "alô"; "me faz"; "Bolas digo eu. Bolas e carambolas."; "Tchau".
c. Sim, a linguagem está adequada à situação de comunicação, pois existe um predomínio da linguagem informal, característica da crônica. Deve-se atentar, porém, que o uso dos vocábulos mais próprios do estilo formal ocorre em função da tentativa do falante em se posicionar de modo mais distanciado do seu interlocutor, buscando tornar o diálogo mais formal e, assim, tentar evitar o iminente conflito.

4) a. Na primeira mensagem, Otto desmarca uma reunião por causa de uma conferência e, na segunda, ele avisa a irmã que não irá para casa no final de semana pelo mesmo motivo, a conferência. As duas mensagens são enviadas com a finalidade de remarcar algo previamente agendado.
   b. O primeiro e-mail apresenta uma linguagem formal e o segundo, uma linguagem informal.
   c. O assunto das duas mensagens é a remarcação de compromissos. Entretanto, cada situação requer uma linguagem adequada ao contexto de uso da língua. A variação do primeiro e-mail é formal, pois seu destinatário é um colega de trabalho e é preciso abordar os assuntos do serviço de forma profissional e, portanto, polida. A linguagem do segundo e-mail é informal, visto que o destinatário é um membro de sua família, contexto comum de informalidade.

5) **Comentário:** No Brasil, o gênero canção atingiu grande força. Trata-se de uma especificidade da produção cultural em língua portuguesa do nosso país. O canto, segundo estudiosos como Tatit (2004: 41), "sempre foi uma dimensão potencializada da fala". Nesse sentido, é possível compreender as razões pelas quais é tão frequente o uso de variedades mais informais em vários exemplares do cancioneiro nacional, uma vez que, em grande parte, os enunciados orais tendem à informalidade.
   a. As construções "meu senhor" e "encontrá-lo".
   Sugestão: Apontar aos alunos que o texto apresenta-se muito mais em estilo formal que informal. Trata-se de um texto antigo, em que as canções de amor faziam uso

de um estilo formal. Afinal, falar com ou sobre a amada era algo de extremo valor, exigindo uma variação formal. A partir disso, é possível pedir aos alunos uma pesquisa com canções mais informais e sugerir uma discussão sobre o fato de haver hoje muitas canções com estilo informal.
b. O verso que rompe com a regra gramatical é "Me dá um desejo de morte ou de dor". O autor utiliza tal recurso para demonstrar a emoção do eu poético.
c. Resposta pessoal.

6) Resposta pessoal. Sugere-se que a atividade seja realizada em duplas ou pequenos grupos. Os alunos deverão definir previamente o produto e a situação de comunicação em que será apresentado aos compradores. Por fim, deverão apresentar a situação ao restante da turma. Após as apresentações, é interessante que o professor realize um debate, avaliando a eficácia do uso da linguagem nas diversas apresentações realizadas.

ATIVIDADES DE "VARIAÇÃO GEOGRÁFICA"

1) a. i) Região Sul.
   ii) Região Nordeste.
   iii) Região Nordeste.
   iv) Região Sul.
   b. Resposta pessoal.
   Pechada – batida de carro, acidente de carro.
   Sinaleira – semáforo, sinaleiro, farol, sinal, luminoso.
   Jabá – carne seca, carne de sol.
   Jerimum – abóbora.
   Macaxeira – mandioca.
   Sanga – riacho.

2) a. **Comentário:** Segundo o Dicionário Houaiss (2001): "Filipe: [s.m.] 1 cada uma das sementes de algodão unidas entre si em função da investida da lagarta-rosada. 2 gar B formação semelhante a dois diamantes emendados. 3 BA saco, ger. pequeno e de couro, no qual se guarda comida. 4 orn B ave passeriforme da fam. dos tiranídeos (*Myiophobus fasciatus*), que ocorre em capoeiras e quintais, da Costa Rica até a Argentina e todo o Brasil; possui partes superiores pardacentas, inferiores brancas com estrias escuras e píleo amarelo, menos intenso na fêmea. Etimologia segundo Nasc, alt. de filipina, a partir da acp. etimológica 'fruto inconho ou duplo'; p. ext. e infl. do antr., us. para o pássaro e para o saco de provisões."
"Inconho: [adj] (1858) que nasce acoplado a outro (diz-se de fruto) cf. filipinho 2 fig. que está muito ligado a outro ser ou coisa ‹ eram duas almas i., inseparáveis ›. Etimologia:

segundo Nasc, do tupi *i kõe* 'aquele que é gêmeo'; f. hist 1890 enconho. Sinônímia e Variantes: incõe."
i) Gêmea
ii) Filipe
iii) No sul do estado predomina banana gêmea.
iv) Cada grupo, segundo sua origem e seus costumes, nomeia os objetos que o cercam. É principalmente na escolha de certas palavras que se refletem as mudanças sociais, as identidades culturais, o perfil de uma sociedade, bem como a demarcação de seu espaço.
b. Questões abertas de pesquisa.

3. Respostas pessoais.

4. As diversas variedades regionais não prejudicam a comunicação ou entendimento da língua portuguesa, porque há semelhanças entre as diferentes formas e, portanto, a mensagem é compreendida perfeitamente.

5. Resposta possível: "Outro dia encontrei um menino, um rapazinho desses que andam pela rua sem meias, de braguilha aberta, soltando pipa. Eu vinha de bicicleta, descendo a ladeira para ir à (na) quitanda comprar umas tangerinas...".
Vocabulário:
Mandinho: menino, criança do sexo masculino, garoto, guri.
Guri: rapazinho, menino, criança.
Carpim: meias. Regionalismo do Rio Grande do Sul.
Bragueta: abertura da parte dianteira de qualquer calça. Braguilha.
Pandorga: papagaio de papel, pipa.

Bici: bicicleta.
Lomba: ladeira.
Lancheria: estabelecimento onde se vendem hortaliças, frutas etc. Quitanda.
Bergamotas: tangerinas.

6. O texto foi escrito na região Nordeste do Brasil.

7. Não, as palavras destacadas são usadas, predominantemente, na região Nordeste. Significação das palavras:
Gibão: casaco de couro, geralmente, usado por vaqueiros.
Alforje: espécie de bolsa com duas partes, o que permite que seja usado nos ombros ou em montarias.
Taramelou: falou muito.
Pabulagem: mentira.

8. Resposta pessoal.

9. Atividade em grupo
Sugestão: Professor(a), para ajudar os alunos a compreenderem melhor a variação geográfica e terem exemplos para utilizar na construção do diálogo da atividade, é importante que eles conheçam algumas das cartas do *Atlas Linguístico do Brasil*. O site do projeto é https://alib.ufba.br/ e as cartas se encontram publicadas no ebook: S. A. M. Cardoso et al., *Atlas Linguístico do Brasil*, v. 2 (Cartas linguísticas 1), Londrina, UEL, 2014. Selecione as cartas lexicais que possuem objetos presentes na realidade social e cultural dos alunos e mostre para eles como esses objetos são conhecidos em outras regiões.

Bibliografia

AGUILERA, V. de A. *Atlas lingüístico do Paraná.* Curitiba: Imprensa Oficial, 1994.
_____; ALMEIDA BARONAS, J. E. de. *Scripturae nas Villas de São Luiz de Goaratuba e Antonina*: manuscritos setecentistas e oitocentistas. Londrina: Universidade Estadual de Londrina, 2007.
ALVES, S. L. de A. *Perspectivas para o ensino escolar da história do português brasileiro:* manuscritos paranaenses do século XVIII. 2012. Dissertação (Mestrado em Estudos da Linguagem) – Universidade Estadual de Londrina, Londrina, 2012.
ANDRADE, O. de. *Poesias reunidas.* 5. ed. Rio de Janeiro: Civilização Brasileira, 1971.
BLUTEAU, R. *Vocabulário portuguez e latino.* Coimbra: Collegio das Artes da Companhia de Jesus, 1712.
BORTONI-RICARDO, S. M. *Educação em língua materna*: a sociolinguística na sala de aula. São Paulo: Parábola, 2004.
_____. *Nós cheguemu na escola e agora?* Sociolinguística e educação. São Paulo: Parábola, 2005.
_____. O estatuto do erro na língua oral e escrita. In: GORSKI, E. M.; COELHO, I. L. (orgs.). *Sociolinguística e ensino*: contribuições para a formação do professor de língua. Florianópolis: EdUFSC, 2006.
_____. O tratamento do conceito de Relativismo Cultural nas séries iniciais da escolarização. In: COX, M. I. P. (org.). *Que português é esse?* Vozes em conflito. Cuiabá: FAPEMAT, 2008, pp. 67-82.
_____. *Do campo para a cidade*: estudo sociolinguístico de migração e redes sociais. São Paulo: Parábola, 2011.
_____. *Português brasileiro, a língua que falamos.* São Paulo: Contexto, 2021.
BRASIL. Ministério da Educação. Secretaria de Educação Fundamental. *Parâmetros curriculares nacionais:* terceiro e quarto ciclos do ensino fundamental: língua portuguesa. Brasília, DF: MEC/SEF, 1998.
BRASIL. Ministério da Educação. Secretaria de Educação Fundamental. *Parâmetros curriculares do ensino médio.* Brasília, DF: MEC/SEF, 2000.

CAGLIARI, L. C. *Alfabetização e linguística*. 5. ed. São Paulo: Scipione, 1992.
CALVET, L.-J. *Sociolinguística*: uma introdução crítica. São Paulo: Parábola, 2002.
CAMACHO, R. G. A variação linguística. In: *Subsídios à proposta curricular de língua portuguesa para o 1º e 2º graus*. São Paulo: SE/CENP, 1988. 3 v.
CARDOSO, S. A. M. et al. *Atlas Linguístico do Brasil*. Londrina: UEL, 2014, v. 2. (Cartas linguísticas 1).
CASTILHO, A. T. de. Variação dialetal e ensino institucionalizado da língua portuguesa. In: BAGNO, M. (org.). *Linguística da norma*. São Paulo: Loyola, 2002, pp. 27-36.
_____. *Nova gramática do português brasileiro*. São Saulo: Contexto, 2010.
COSERIU, E. *Lições de linguística geral*. Rio de Janeiro: Ao Livro Técnico, 1980.
FANTE, C. *Fenômeno* bullying: como prevenir a violência nas escolas e educar para a paz. 6. ed. São Paulo: Versus, 2011.
FARACO, C. A. Norma-padrão brasileira: desembaraçando alguns nós. In: BAGNO, M. *Linguística da norma*. São Paulo: Loyola, 2002, pp. 37-62.
_____. *Norma culta brasileira:* desatando alguns nós. São Paulo: Parábola, 2008.
FARACO, C. A.; MOURA, F. M. de; MARUXO JR., J. H. *Língua Portuguesa*: linguagem e interação. Manual do professor. São Paulo: Ática, 2009.
FERREIRA, A. B. de H. *Novo Dicionário da Língua Portuguesa*. 2. ed. Rio de Janeiro: Nova Fronteira, 1986.
FILIPAK, F. *Dicionário sociolinguístico paranaense*. Curitiba: Imprensa Oficial, 2002.
GARCIA, Afrânio. Semântica histórica. *SOLETRAS*, Ano I, n. 2, São Gonçalo, UERJ, jul./dez. 2001, pp. 66-75.
GERALDI, J. W. Concepções de linguagem e ensino de português. In: _____. *O texto em sala de aula*. São Paulo: Ática, 1984, pp. 41-49.
GNERRE, M. *Linguagem escrita e poder*. São Paulo: Martins Fontes, 1985.
GOFFMAN, Erving. Footing. In: RIBEIRO, Branca Telles; GARCEZ, Pedro. *Sociolinguística Interacional*. São Paulo: Edições Loyola, 2002.
HOUAISS, A. *Dicionário Houaiss da Língua Portuguesa*. Rio de Janeiro: Objetiva, 2009.
ILARI, R.; BASSO, R. *O português da gente*: a língua que estudamos; a língua que falamos. São Paulo: Contexto, 2006.
LABOV, W. *The social history of sound change on the island of Martha's Vineyard, Massachusetts*. Master's essay, Columbia University, 1962.
_____. *Padrões sociolinguísticos*. Trad. Marcos Bagno e Maria Marta Pereira Scherre; Caroline Rodrigues Cardoso. São Paulo: Parábola, 2008 [1972].
_____. *Language in the Inner City*. Philadelphia: University of Pennsylvania Press, 1972.
LEMLE, M. *Guia, teórico do alfabetizador*. São Paulo: Ática, 1987.
LINI, V. *A escrita de manuscritos paranaenses e portugueses do século XIX e a relação com o português brasileiro*. 2013. Dissertação (Mestrado em Estudos da Linguagem) – Universidade Estadual de Londrina, Londrina, 2013.
MARCUSCHI, L. A. *Da fala para a escrita*: atividades de retextualização. São Paulo: Cortez, 2001.
MATTOSO CÂMARA JR, J. Erros escolares como sintomas de tendências linguísticas no português do Rio de Janeiro. In: _____. *Dispersos*. Rio de Janeiro, Fundação Getúlio Vargas, 1972, pp. 87-95. (Seleção e introdução de Carlos Eduardo Falcão Uchoa).
MORAES SILVA, A. *Diccionario da lingua portugueza*. Lisboa: Typographia Lacerdina, 1789.
POSSENTI, S. Um programa mínimo. In: BAGNO, M. *Linguística da norma*. São Paulo: Loyola, 2002. p. 317-332.
RODRIGUES, R. E. de S. B. *Para um glossário da fala rural paranaense*. 2000. Dissertação (Mestrado em Letras – Estudos da Linguagem) – Universidade Estadual de Londrina, Londrina, 2000.
SOARES, M. *Linguagem e escola*: uma perspectiva social. São Paulo: Contexto, 2017.
TATIT, L. *O século da canção*. Cotia: Ateliê, 2004.

Os autores

Stella Maris Bortoni-Ricardo é professora titular aposentada de Linguística da Universidade de Brasília (UnB), onde atuou na Faculdade de Educação (graduação e pós-graduação) e no doutorado em Linguística. Tem experiência na área de Sociolinguística, com ênfase em Educação e Linguística, atuando principalmente nos seguintes temas: Letramento e formação de professores, educação em língua materna, alfabetização e etnografia de sala de aula.

Joyce Elaine de Almeida é professora da Universidade Estadual de Londrina (UEL). Possui mestrado em Letras pela UEL, doutorado em Linguística e Língua Portuguesa pela Universidade Estadual Paulista Júlio de Mesquita Filho (Unesp) e pós-doutorado em Linguística pela UnB. Tem experiência na área de Linguística, com ênfase em Sociolinguística Educacional.

Aline Alvares é professora da rede municipal de Arapongas (PR) para o ensino fundamental. É graduada em Letras Vernáculas pela UEL, especialista em Língua Portuguesa e graduada em Pedagogia pela Universidade Cesumar (Unicesumar).

Álida Laryssa Espozetti é professora de Língua Portuguesa no ensino fundamental. É graduada em Letras Vernáculas e Clássicas, especialista em Língua Portuguesa, mestre em Estudos da Linguagem e doutora em Estudos da Linguagem, tendo toda a formação realizada pela UEL.

Eliane de Moura Oliveira é professora da Universidade Federal de Alagoas (Ufal), no curso de Letras – Língua Portuguesa/*Campus* de Arapiraca. É doutora e mestre pelo Programa de Pós-graduação em Estudos da Linguagem da UEL. Fez estágio pós-doutoral no Programa de Pós-Graduação em Linguística e Literatura (PPGLL) da FALE/Ufal.

Fabiane Cristina Altino é professora da UEL. É doutora em Estudos da Linguagem pela UEL, com pós-doutorado na Universidade Paris 13/França e na Federal do Rio de Janeiro (UFRJ). Membro do Projeto Atlas Linguístico do Brasil (Regional Paraná) desde 1997 e participa dos projetos Para a História do Português Brasileiro (PHPB) e Variação Linguística e Ensino: Normas (VALEN).

Flávio Brandão-Silva é professor na graduação e na pós-graduação em Letras da Universidade Estadual de Maringá (UEM). Possui doutorado em Estudos da Linguagem. Atua nas áreas de Sociolinguística e Sociolinguística Educacional e participa do Grupo de Pesquisa Variação Linguística e Ensino: Normas (Valen). É membro do GT de Sociolinguística da Associação Nacional de Pós-Graduação e Pesquisa em Letras e Linguística (ANPOLL) e da comissão de Sociolinguística da Associação Brasileira de Linguística (Abralin).

Juliana Fogaça S. Simm é professora do ensino superior, integrando o corpo docente do curso de Letras EaD da Universidade Pitágoras Unopar (Unopar) e da Universidade Anhanguera Uniderp, bem como atua na educação básica no 2º Colégio da Polícia Militar do Paraná. É mestre e doutora em Estudos da Linguagem, especialista em Língua Portuguesa e graduada em Letras Anglo-Portuguesa pela UEL.

Maria Beatriz Pacca é professora titular aposentada da UEL. Possui graduação em Letras/Língua e Literatura Portuguesa pela Pontifícia Universidade Católica de São Paulo (PUC-SP), mestrado em Letras pela UEL e doutorado em Letras pela Unesp.

Sheila Oliveira Lima é professora do Departamento de Letras Vernáculas e Clássicas da UEL. É mestre em Teoria Literária e Literatura Comparada e doutora em Linguagem e Educação pela Universidade de São Paulo (USP). É membro do Programa de Pós-Graduação em Estudos da Linguagem e do Mestrado Profissional em Letras, ambos na UEL.

Taciane Marcelle Marques trabalha como elaboradora de conteúdos de material didático. É mestre e doutora em Estudos da Linguagem pelo Programa de Pós-Graduação em Estudos da Linguagem, na área de Linguagem e Ensino, com Bolsa Capes Demanda Social e bolsa-sanduíche na Université Sorbonne Paris XIII.

Wéllem de Freitas Semczuk é professora do ensino superior, nos cursos de Letras EaD da Universidade Pitágoras Unopar e da Universidade Anhanguera Uniderp. É doutora em Estudos da Linguagem, mestre em Estudos da Linguagem, especialista em Língua Portuguesa e graduada em Letras Vernáculas e Clássicas pela UEL.